Francis Aylies

Journal D'UN CURÉ DE QUARTIER

le festin | les confidences

PRÉFACE DE L'ÉDITEUR

Il y a des petits clics qui causent des grands chocs... J'étais en contact avec l'abbé Francis Aylies pour un projet de livre sur Bernanos – nous allons célébrer le 80e anniversaire de la publication du *Journal d'un curé de campagne*, et nous avions l'idée de publier un texte qui aurait eu comme titre *Sous le soleil de Dieu.*

Mais le père s'emmêle parfois les doigts quand il envoie des mails. Et celui que j'ai reçu ce matin-là m'a fait bondir. Un mail kilométrique, reprenant plusieurs autres messages, envoyé à un destinataire ô combien singulier et qui, tous, étaient demeurés sans réponse. Leur auteur, dans son dernier message, le regrettait, et sa peine était sensible. Peu de choses sont plus blessantes, dans les relations humaines, que des messages répétés qui tombent dans le vide et ne suscitent aucun écho...

Ces mails étaient adressés au pape. Tous portaient sur cette singulière et fondamentale thématique de la Miséricorde, tant aseptisée par le discours ambiant. Dans l'intimité de sa chambre, loin des regards et des jugements, l'abbé Francis confie au pape François, simplement et sans détours, sa manière de la vivre dans sa chair. Pour lui, la Miséricorde n'est pas seulement consensuelle et douce ; elle n'hésite pas à secouer le bénitier.

Nous aurions dû peut-être, par discrétion, nous arrêter à la lecture du premier mail. Mais nous les avons tous dévorés non pas dans l'espoir d'y trouver un scoop ou des révélations secrètes, mais parce qu'ils sont les instantanés de la vie d'un prêtre de notre siècle, qui surnage dans les multiples contradictions de notre temps. Et nous ne connaissons pas les prêtres…

Après lui avoir confessé notre faute et exprimé notre désir de les publier, il n'a pas été simple de le convaincre d'en faire un livre. Sans doute l'absence prolongée de réponse y a-t-elle un peu contribué… À condition de quelques petits aménagements – surtout des changements de noms et la suppression de deux messages trop personnels –, il a finalement accepté.

Nous vous les livrons tels quels aujourd'hui, ayant seulement rajouté quelques notes qui nous semblent utiles. Dans un monde où, même dans le discours religieux, il fait bon « ne pas faire de quartier », ils nous permettent de scruter le cœur d'un homme, d'un « curé de quartier » qui tente de ne jamais répondre avec rigueur à celui qui « demande quartier », qui implore la grâce et la Miséricorde.

Mardi 8 décembre 2015 – 21:06

Objet : Incipit

Ave,

Je vous devine : vous venez de pousser un soupir. Encore un mail… Impossible d'être tranquille ! Qui vient vous importuner ? Pas Dieu. Il ne s'est pas encore mis aux nouvelles technologies. Depuis Job, il évite d'ailleurs de parler directement aux hommes, quel que soit le média. Il a gardé quelque chose des Pythies. Des paroles incompréhensibles, ou des silences éloquents. Dieu propose, l'homme dispose. Interprète.

Vous jetez un œil fatigué à l'adresse. Vous n'avez pas envie de lire ce mail. Le nom de son expéditeur ne vous dit rien. Normal. Je sais que je peux compter sur votre sollicitude ; vous avez dû faire condamner la touche « spam » par l'informaticien du Vatican. Aucun courrier n'est indésirable, pour vous, même si vous pouvez désirer en recevoir moins. Cela signifierait que le monde se porte mieux, que l'on a moins besoin de vous. Un bon médecin devrait être heureux d'une salle d'attente vide.

Rassurez-vous, je ne veux pas vous importuner. Pas non plus pleurer sur mon sort. Je vais bien. On ne peut mieux. Enfin, c'est faux ; on peut toujours mieux, mais le mieux n'est-il pas l'ennemi du bien, et le bien n'est-il pas notre quête ultime ? Disons que je suis heureux. Vingt-cinq ans de vie sacerdotale et, malgré ça, aucune envie de tout remettre en cause. L'architecture théologique qui structure ma vie me convient.

Elle me rassure. Un édifice bâti à coups de lectures, de conférences, de cours, de recherches. De rencontres. Bien sûr, j'aime les architectures vivantes, qui évoluent, qui ne se figent pas dans la pierre. J'aime l'église de bois dont rêvait l'apôtre Jean.

Mes horizons sont éclectiques plus qu'ecclésiastiques. Je suis un boulimique de relations. On m'y reconnaît comme un homme, et pas seulement comme un curé. Cela dit, trouver votre adresse n'a pas été simple. Quand on tape « adresse mail pape François », on tombe sur vos nombreux discours : « Adresse du pape aux séminaristes », « Adresse du pape au G20 »... Sans oublier votre compte Twitter : @Pontifex_fr. Alors, j'ai activé mes réseaux. Je n'ai pas fait pour rien mes études dans une université catholique italienne... Efficaces, mes réseaux. Grâce à eux, il ne m'a pas fallu sept jours pour obtenir votre mail privé. Et voilà pourquoi vous regardez votre écran avec... Quoi ? Une grimace de lassitude ? Un sourire ? Je préfère imaginer un sourire.

Pendant ces derniers mois, j'ai relu pour un petit travail le *Journal d'un curé de campagne*. Le curé d'Ambricourt derrière lequel Bernanos se réfugie, justifie son désir d'écrire, « *parce qu'une relation sincère, scrupuleusement exacte des événements de ma vie, au cours de l'épreuve que je traverse, peut m'être utile un jour – qui sait ? utile à moi, ou à d'autres* ». Pourquoi ne pas faire de même ? Il y a cependant une énorme différence entre ce prêtre et moi ; je ne traverse aucune épreuve qui soit comparable aux siennes.

Nous commençons aujourd'hui le Jubilé extraordinaire de la Miséricorde et je ressens le besoin d'un lecteur privilégié. Un lecteur qui m'apporterait du réconfort. Vous qui, enfin, du haut de votre fonction, distribuez des signes d'humanité – des signes que nous avons attendus en vain de vos prédécesseurs –, je viens vous supplier : réconfortez-nous ! C'est pour cela que je vais vous écrire. Pour vous confier mon quotidien, celui d'une vie sacerdotale à la fois simple et pleine de contradictions, que je partage avec beaucoup de prêtres. Après tant d'années de pastorale sans écho romain, nous sommes heureux de vous voir poser des actes, prononcer des paroles qui rendent sourire et paix dans le cœur de nombreux chrétiens, prêtres, laïcs ou religieux.

J'ai lu ces derniers mois beaucoup de livres sur cette fameuse Miséricorde, ce mot un tantinet désuet. Certains sont passionnants, riches de références bibliques et théologiques. D'autres, hélas les plus nombreux, à la fois pieux et moralisateurs, n'arrivent pas à me toucher, encore moins à me convaincre. Il y a la Miséricorde que l'on peut étudier dans des traités très policés. Mais il y a celle du quotidien, bien moins immaculée. Je voudrais être témoin de cette dernière en vous racontant mes choix pastoraux, tout simplement (à la manière d'une confession ?). Ils sont ma manière de proposer, selon votre belle expression, une « oasis de Miséricorde » aux personnes qui viennent frapper à ma porte. Aucun éditeur catholique ne se risquerait à sortir en librairie mes propos. Je ne suis pas Bernanos ! J'ai aussi de la difficulté à partager avec mes confrères. Je m'adresse alors à vous, confiant en votre bienveillance spontanée. Si mon attitude pastorale vous effraie, je compte sur vous pour en débattre. Si vous la considérez inintelligente, soyez indulgent : rappelez-vous que Paul a autrefois obtenu Miséricorde par le seul fait qu'il agissait « par ignorance[1] ».

Vous avez remarqué que mon adresse mail se termine par .fr. Je suis donc français. Je précise, parce que ce n'est pas compris dans le suffixe : curé de paroisse. Votre visite chez nous, prévue pour fin 2015, a été annulée. Vous sachant espiègle, je vous imaginais déjà décliner devant les Grands une série sur le thème de « Moi, Pape… ». Nous ignorons les raisons de ce rendez-vous manqué, mais nous vous attendons.

Je ne vais pas abuser. Il me reste à cliquer sur « envoi ». Avec le risque de passer pour un fou. Si je me suis trompé d'adresse ? Si on s'est moqué de moi ? Si le mail tombe dans la boîte d'un administratif, d'un inquisiteur ?

Je vous souhaite un beau Jubilé. François, réconfortez-nous !

Pax tecum.

Comme on disait dans les années 1970, un petit clic vaut mieux qu'un grand choc. Alors, je clique…

Jeudi 10 décembre – 13:14

Objet : Ophel

Ave,

Cela ne se fait pas, d'envahir l'intimité d'une personne, surtout aussi importante que vous. Arborer la profession de prêtre ou porter un prénom proche du vôtre, cela ne suffit pas à établir une connivence. Si je me le permets, c'est pour une raison majeure : votre élection a réconforté les chrétiens qui ont accueilli avec enthousiasme, voici plus de quarante ans, l'arrivée des réformes conciliaires, et qui vivent aujourd'hui en elles comme des poissons dans l'eau. Mais devant les tendances liturgiques, cléricales et dogmatiques actuelles, un regard extérieur pourrait analyser notre époque ecclésiale comme une nouvelle « contre-réforme », en invoquant l'effet de balancier qui caractérise toute succession de générations. Je ne sais pas, c'est aux historiens et aux sociologues de nous le dire. Cependant, à l'intérieur de la vie de l'Église, je ressens un malaise face à un mouvement devant lequel je ne sais plus quelle attitude adopter.

Je fais partie d'un groupe qui rassemble des chrétiens de tous les horizons. Certains nous qualifient de « progressistes », mais ce mot sonne étrangement à mes oreilles, comme si nous étions en lutte avec les « traditionalistes ». Ce groupe veut être un lieu de parole et d'échange sur la vie de l'Église. Celles et ceux qui y participent ne veulent pas regarder l'Institution prendre certains virages ou prises de positions sans exprimer leur point de vue ; ils veulent manifester leur manière d'être – chrétiens, catholiques – dans la mouvance de Vatican II.

Le désir d'écoute y prime sur l'unité ; une écoute sans faille de la parole des autres. Cela ne peut se faire que si les interventions ne sont pas militantes mais au service de l'édification de tous. Je dois vous avouer que l'on n'y arrive pas toujours. Des sujets brûlants nous brûlent, d'autres piquants nous piquent. Mais l'aventure vaut le coup.

Le groupe s'appelle Ophel. On dit : « On *va à* Ophel » car c'est un endroit. À Jérusalem, la colline juste à côté du Temple où se situait le premier Sanctuaire. Juste à côté… c'est ce qui nous plaît.

Nous commençons à nous connaître. On peut prévoir à l'avance la réaction de certains participants. Il y a les aigris qui boudent, les optimistes qui chantent, les souffrants qui pleurent, les énervés qui pestent. La liste est longue. Mais deux nouvelles catégories sont récemment apparues.

La première, que je nommerais « Les Arrivants ». Au début, nous n'étions que des personnes très engagées dans les paroisses ou mouvements. Puis sont arrivés des chrétiens qui pratiquent habituellement et commencent à réagir devant un nouveau clergé qui arrive dans leur église, une nouvelle liturgie qui les éloigne de l'autel, une nouvelle ecclésiologie et un nouveau rapport prêtres-laïcs qui deviennent suspects. Se sont joints à eux ceux qui ne savent où exprimer leur trouble devant certaines paroles d'évêques ou certains textes de l'Église universelle lus dans la presse.

La seconde pourrait s'appeler « Les Revenants », ces personnes qui, depuis quelques années, après une vie sereine dans l'Église, l'ont quittée sur la pointe des pieds, sans rien dire à personne parce qu'ils n'avaient pas de lieux pour manifester leur désarroi. Ils sont partis sans faire de bruit et sans trop inquiéter l'Institution, comme s'ils n'en valaient pas la peine… Ils reviennent dans ce lieu avec l'espérance de retrouver un accueil après s'être sentis rejetés, voire excommuniés.

Tous les membres sont très invitants. Ils n'ont pas peur de « traîner » à nos rencontres des personnes éloignées de la foi qui peuvent être intéressées par quelques sujets. Une seule devise importe à qui veut nous rejoindre : rejeter la polémique, chercher la communion.

François – vous permettez que je vous appelle ainsi, n'est-ce pas ? La toile et la proximité de foi autorisent cette familiarité –, je ne sais pas si Ophel est un lieu de Miséricorde. Je préfère le terme « *Con-solatio* » qui, comme le disait votre prédécesseur, suggère « un être-avec dans la solitude qui, alors, n'est plus solitude [2] ». Bien des chrétiens se sentent isolés dans le monde et un peu seuls aussi dans l'Église lorsque cette dernière se coupe d'eux par des prises de positions si éloignées de leur quotidien. J'aimerais tant que vous assistiez à une de nos rencontres [la prochaine a lieu samedi prochain, au cas où vous puissiez venir…] pour entendre et écouter ces chrétiens qui ont vraiment besoin d'être réconfortés. Les orientations que vous prenez déjà nous font jubiler ! Vous nous faites du bien. Je vous écris ces mails pour que vous le sachiez, tout simplement.

Merci.

Pax tecum.

Dimanche 13 décembre 2015 – 19:02

Objet : Les Portes

Ave,

Dans mon diocèse comme à Rome et partout dans le monde, des portes « saintes » ont été ouvertes aujourd'hui. Je ne suis personnellement pas très friand de ces rites. J'ai peur qu'ils soient mal interprétés. Oui, passer PAR la porte, c'est passer *par* le Christ pour aller vers le Père. Oui, entrer DANS l'église, c'est exprimer le désir de vivre *dans* l'esprit du Royaume. Non, franchir la porte n'est pas un rite magique par lequel on obtiendrait un salut facile ou des indulgences pratiques.

Cherchant le lien entre l'anniversaire du Concile et le Jubilé, j'ai peut-être ici un élément de réponse : Notre Église ouvre ses portes comme Jean XXIII ouvrait sa fenêtre pour annoncer un Concile-courant-d'air. Ouvrir les portes, c'est un vrai risque, cher François. Les ouvrir à tous, c'est un risque évangélique… Le Concile Vatican II n'a pas voulu, par une stratégie marketing, adapter l'Église au monde pour lui plaire. Il a seulement proposé à l'Église de se recentrer sur l'Évangile et d'admirer son œuvre qui continue en elle et dans le monde.

Ouvrir les portes comme on ouvre des écluses pour réajuster les différents niveaux d'eau. Les ouvrir pour que les bruits de la ville rejoignent le silence du sanctuaire. Les ouvrir parce que l'Église n'est pas une propriété privée et que chacun doit s'y sentir chez lui. Parce que c'est la vie du monde qui y est célébrée comme « un sacrifice de louange ». Les ouvrir parce qu'elles paraissent si étroites pour rejoindre le Royaume !

Mais aussi ouvrir les portes pour libérer le Christ que l'on enferme dans nos murs, pour que les odeurs d'encens s'échappent sur les routes. Les ouvrir afin que le Christ passe et nous rejoigne dans la chaleur d'une présence. « Voici que je me tiens à la porte, et je frappe. Si quelqu'un entend ma voix et ouvre la porte, j'entrerai chez lui pour souper, moi près de lui et lui près de moi. » (Apocalypse 3, 20)

Je vous imagine sourire : ouvrir toutes les portes de ma paroisse pour « libérer » le Christ (quelle drôle d'idée !), comme la pierre de son tombeau, roulée sur le côté, l'a libéré de la mort.

J'aime la manière dont Luc parle de Jésus qui « cheminait à travers villes et villages, prêchant et annonçant la Bonne Nouvelle du Royaume de Dieu » (Luc 8, 1). Il y avait à son époque trois manières de rencontrer Dieu : monter au Temple, fuir le monde pour le désert ou mourir. Désormais, c'est Jésus qui vient à notre rencontre, chez nous. Pardon François, mais ces portes ouvertes dans toutes ces églises, je les vois comme l'occasion pour le Christ de reprendre ses visites de villes en villages. Ce matin, en ouvrant l'église, au lieu d'espérer que des personnes y entrent pour faire une prière ou mettre un cierge, j'ai parlé au Christ, lui disant de « sortir » pour rejoindre l'humanité. Il n'a évidemment pas besoin d'un portier pour cela, mais ça m'a fait du bien de le lui dire !

Vous avez dit que le Concile avait aidé « l'Église poussée par l'Esprit Saint à sortir des obstacles qui l'avaient renfermée sur elle-même ». Dans votre malice, en ouvrant ces portes, vous nous dites discrètement qu'en cinquante ans, nous nous sommes bien employés à les refermer ! Lorsque, étudiant, vous étiez videur de boîte de nuit, vous saviez fermer l'entrée aux indésirables. Aujourd'hui, ce sont eux en particuliers que vous appelez à entrer. Ce n'est pas pour rien que le *New York Magazine* vous a décerné le titre de « *World's Worst Bouncer*[3] » !

François, en parlant de porte, je vous ouvre la mienne. Lors de votre visite, si le cœur vous en dit – et vous êtes homme à écouter votre cœur –, sachez qu'il y a toujours une chambre de libre dans mon presbytère et une place à ma table. Peut-être vous devinant là, le prophète Élie se joindra-t-il à nous et nous réconfortera…

Pax tecum.

Lundi 14 décembre 2015 – 22:24

Objet : Oh Hisse… Miséricorde

Ave,

Scripturus te salutat. Parce que, oui, je vais continuer à vous écrire, même si je ne reçois toujours aucune réponse. C'est le grand avantage des mails sur les prières ; s'ils n'arrivent pas à destination, un petit ange affairé et virtuel vous les renvoie, avec tout un signalement – que je ne comprends jamais – expliquant pourquoi et comment votre message n'a pas pu trouver son destinataire. C'est souvent une faute de frappe dans le nom. Dans les prières, on ne sait jamais si on frappe à la bonne porte.

Comme les mails que je vous ai adressés ne m'ont pas été retournés, c'est donc qu'ils sont arrivés dans votre boîte. Cela ne signifie pas, loin de là, que vous les avez lus.

Le Jubilé commence à peine et aujourd'hui, le Miséricordieux m'a fait un clin d'œil à l'occasion de l'enterrement de mon ami Louis à Biarritz, le pays des Corsaires. Célébrer des obsèques est une de mes occupations principales, mais cela ne me déplaît pas. Mes amis ne comprennent pas et m'interrogent, avec une pointe d'angoisse dans la voix : comment puis-je ne pas être déprimé face à cette succession d'obsèques ? Ma réponse tient de l'humour du carabin : tant que ce n'est pas moi dans le cercueil… Comme les médecins, sans doute, les prêtres ont une certaine familiarité avec la mort. Mais si le médecin, même croyant, la perçoit toujours, peu ou prou, comme le rappel de son impuissance, au moins de ses limites, nous l'inscrivons dans un cheminement qui doit se poursuivre au-delà… Au-delà de quoi ?

Le plus ennuyeux avec les obsèques, c'est qu'elles ne se prévoient guère à l'avance… Je rêve d'une vie où il me serait donné d'établir un planning hebdomadaire précis, et de pouvoir m'y tenir ! Mais la Camarde est taquine pour les agendas des vivants, et ceux des prêtres en particulier. « Connaîtrais-je, Seigneur, la longueur de mes jours ? » (Psaume 38, 5). L'homme n'est qu'un souffle, une image, une ombre vite effacée... Encore avons-nous la chance, dans nos rituels et nos régions, de pouvoir retarder de quelques jours les funérailles.

Depuis des années, l'animation des célébrations se fait conjointement avec des laïcs. J'aime ce supplément d'âme offert à celui dont l'âme s'envole, et plus encore à celles qui restent ici pour pleurer.

La participation de ces laïcs se décline sous différents modes. Dans certains cas, ils accueillent les familles et préparent la cérémonie, que je célèbre ensuite. Des hommes et des femmes efficaces, attentifs, dévoués. Il arrive aussi qu'ils officient, sans moi.

Ce sont souvent les plus virulents à l'encontre de l'Église, jugée rétrograde et sexiste, qui exigent la présence d'un prêtre pour les funérailles... Ceux pour qui le décorum compte plus que le sens ! Comme si un laïc – voire pire, une laïque ! – qui consacre son temps à l'accompagnement des autres avait moins de valeur qu'un consacré qui ne sait plus où donner de la messe !

Avec le temps, heureusement, cette pratique est entrée dans les mœurs. Aujourd'hui, cela se vit sereinement.

L'accompagnement des familles est important, même s'il ne suffit pas. Bernanos encore : « *Oh, je sais bien que la compassion d'autrui soulage un moment, je ne la méprise point. Mais elle ne désaltère pas, elle s'écoule dans l'âme comme à travers un crible.* » C'est vrai ; mais au moins sommes-nous présents. Nous partageons l'espérance puisée dans l'Évangile. Nous proclamons une Bonne Nouvelle après l'annonce de cette terrible nouvelle de la mort d'un proche. Je pense souvent à la parole de Paul (Romains 12, 8) qui demande à celui qui pratique la Miséricorde d'avoir le sourire. La paix que suscite l'espérance d'une résurrection est quasi physique et peut traverser le cœur de ceux qui, devant nous, sont dans l'effroi d'une séparation impossible. « Tu as changé mon deuil en une danse » (Psaume 29), dit le psalmiste. Nous osons chanter cela !

Les funérailles sont des moments forts, forts comme la mort, plus forts parfois. « *O Death, where is your victory*[4] *?* » (I Corinthiens 15, 55).

Il y a les moments de beauté, dans le partage de souvenirs heureux et paisibles, dans une communion familiale intense. Les panégyriques, les épopées ou les récits simples et justes. Les voix qui se nouent, les larmes refoulées ou qui coulent, qui éclatent comme des torrents de mots imprononçables. Le discours effrayant du silence.

Il y a les heurts familiaux terrifiants, des années de rancœur, de secrets, de haine qui éclatent devant nous, que nous ne comprenons pas plus que si nous prenions un film en marche, à quelques secondes de la fin – et que pourtant nous comprenons, car ce sont souvent hélas les mêmes scénarios.

Ou encore l'accompagnement tout en douceur d'une personne âgée, au terme d'une vie remplie, bien ou pas, ce n'est pas à nous de juger. Est-elle morte paisiblement dans son sommeil, ou au terme d'une « longue maladie », comme on écrit sur les faire-parts ? Ou la présence silencieuse face à un enfant mort. Le petit cercueil blanc, l'injustice absolue pour nous qui ne sommes plus habitués à ce scandale si fréquent dans les pays pauvres, comme jadis également chez nous.

Et parfois le tremblement de terre, l'ouragan, la tempête, la révolte et la souffrance qui poussent au blasphème, lequel est une « participation au sacré », selon Camus. La Bible est pleine de ces colères.

De mortibus nihil nisi bonum[5]; tous les morts deviennent des saints, au moins le temps de leurs funérailles. Je ne crois pas que les familles mentent ; à cet instant, on ne se souvient que du meilleur, du plus beau. Il m'est parfois difficile, délicat de faire l'éloge d'un inconnu, sur la seule foi de ce que ses proches m'ont confié… Parce que, pour nombre de défunts, ce passage à l'église n'est pas seulement le dernier, mais souvent aussi le premier depuis très longtemps !

Cependant pour les familles, cette « canonisation » populaire et spontanée n'est que justice. C'est le tri d'une mémoire tournée vers la vie. Et vers l'éternité. C'est cette part du disparu, de la trépassée qui traverse la mort pour rejaillir en vie éternelle. Je suis sûr que Dieu opère de la même manière, avec le même instinct généreux et sélectif.

Pour ce qui vous concerne, soyez béat, François, tous les papes récents sont ou seront bientôt canonisés, et de plus en plus vite. À votre bonne figure, je ne serai pas surpris si l'on vous proclamait « Santo subito ». Mais vous aurez peut-être la bonne idée de maintenir, jusque dans votre mort, votre volonté de vous démarquer, en laissant derrière vous quelques poussières de médiocrité…

Pauvre ami, vous n'échapperez pas aux motets de Palestrina. Aujourd'hui j'ai eu droit à Édith Piaf, le chant du pirate. Chant hautement mystique : « Tant mieux si tu fais un corsaire, Jésus aussi est hors-la-loi. » Souvent, dans ma paroisse, on entend des airs qui ont accompagné la vie des défunts et réussissent parfois à leur donner un peu de sens, ou tout au moins à leur prêter quelques mots. Comme dans le film de Resnais, *On connaît la chanson*, où les sentiments que nous éprouvons sont liés à des chansons qui ont marqué les étapes de notre parcours. « Vole, vole » ou « Parler à mon père » de Céline Dion ; « La montagne » ou « Tu aurais pu vivre encore un peu » de Ferrat ; « Les copains d'abord » de Brassens ; « Puisque tu pars » de Goldman. « Une mère » de Lemay, « Mon vieux » de Guichard. Un peu ringard, peut-être, mais voilà : elles ressemblent à certains instants de leur vie. Et donc à eux. Même si elles viennent du palmarès des chansons à la mode ou, mieux encore, d'une comédie musicale qui se joue à ce moment.

À mes confrères qui refusent toute musique qui n'aurait pas été estampillée « sacrée » par je ne sais quel « sacré » collège, je rappellerais que l'orgue, en sa genèse, fut considéré comme l'instrument du diable, puisqu'il était alors destiné non au jubé, pour y mimer les voix des anges, mais aux lupanars, pour y prolonger certains soupirs…

Ce matin, c'est mon ami biarrot qui avait dicté son testament musical. Pendant que Piaf chantait « Oh ! Hisse… Miséricorde. Pour nous tenir au bout d'une corde, faudra d'abord nous attraper », nous avions tous sur nos lèvres un sourire triste. Debout sur sa planche de surf, Louis proclamait sa liberté. Tout lien lui donnait le sentiment d'être enchaîné… Mais les vagues déchaînées n'ont pas suffi à combler l'extrême isolement dans lequel il s'est peu à peu enfermé. Misère et Corde se sont associées pour mettre fin à sa solitude meurtrière. Nous étions si peu nombreux ce matin…

Je n'ai pas supplié Dieu de le mettre en son Paradis, mais j'ai fait résonner sa vie à travers les récits de quelques amis, découvrant ainsi qu'il a été « habité » par le Très Haut. J'ai manifesté, dans la foi, que nous avons vécu avec lui des « Instants » dans l'esprit du Royaume, et que ces « Instants » entrent avec lui en éternité. Puis j'ai laissé le silence et les musiques œuvrer dans les cœurs de ceux qui ont leurs oreilles pour entendre et leur vie pour espérer.

J'ai terminé en prenant la guitare pour interpréter un classique de Gainsbourg des années 1970 qu'adolescents nous chantions ensemble sur la plage : « Notre sale gueule on y peut rien / D'ailleurs nous les affreux / J'suis sûr que Dieu nous accorde / Un peu de sa Miséricorde. » Ce fut notre prière.

Cher François, si ce mail était mon testament – je vous livre la « playlist » pour mon dernier concert : *Pulcinella* de Stravinsky, *Ombra mai fu* de Haendel et, tant qu'à faire, « Le temps qui reste » de Reggiani – à vous de comprendre pourquoi, cherchez !

Cherchez, mais réconfortez nous !

Pax tecum.

Jeudi 17 décembre 2015 – 6:13
Objet : Bon anniversaire !

Ave,

Cher François, je voudrais être le premier à vous souhaiter un BON ET JOYEUX ANNIVERSAIRE !

Vous êtes de ces enfants qui ont dû souffrir d'avoir leur anniversaire si proche de Noël. Le compte de cadeaux n'y est jamais tout à fait. C'est peut-être ce qui vous a conduit, l'an dernier, à renoncer publiquement à ceux qu'on vous avait offerts. Vous ne vous rendez pas compte des effets catastrophiques pour le commerce romain. D'autant que, depuis votre élection, les croix et autres colifichets religieux en or ou en argent n'ont semble-t-il plus la cote. Votre simplicité fait tache d'huile (sainte) et les marchands se retrouvent à la porte du temple… Méfiez-vous, François, votre charisme est peut-être un ennemi redoutable !

Je ne vous écris pas comme à un patron, et les prêtres ne sont pas vos soldats, pas plus que les évêques ne sont vos généraux. Dès votre première apparition, vous vous êtes défini comme l'évêque de Rome, en charge de l'unité de l'Église universelle manifestée par la collégialité des évêques. J'ai applaudi des deux mains ! J'avais vécu douloureusement la ferveur populaire autour de Jean-Paul II : son charisme le propulsait en tête d'affiche, les spots braqués sur lui, laissant le collège des évêques dans l'obscurité. Je prends le risque de vous faire froncer les sourcils – mais quelle importance, puisque cette correspondance restera entre vous et moi ? – en avouant que je n'ai jamais participé aux Journées Mondiales de la Jeunesse et que je ne compte pas vous rejoindre en Pologne cet été. Pas à l'aise. Est-ce vraiment ça, l'Évangile, un Woodstock papal ?

Je suis d'ailleurs convaincu que vos sourcils n'ont pas bougé, sinon pour accompagner l'ébauche d'un sourire complice. Au lendemain de votre élection, vous avez demandé à vos amis brésiliens de ne pas faire le déplacement jusqu'à Rome. J'ai pensé que c'était parce que les *favelas* étaient dans votre cœur et votre esprit, et qu'elles primaient sur l'élection. Là, j'ai senti l'Évangile.

Benoît XVI a revigoré le collège épiscopal en posant des actes forts pour raviver l'image d'une Église-Communion. Il ne faudrait pas, avec vous, sous prétexte que vous en êtes un champion, que la Communion s'efface devant la Communication et que l'on revienne à une vision pyramidale où la foule béate contemple, de tout en bas, l'icône d'un *santo subito*…

Le Christ déjà a dû lutter contre cette idolâtrie. Elle est sans doute profondément ancrée dans le cœur de l'humanité. C'est tellement plus confortable de s'en remettre à l'homme providentiel, de se décharger sur lui de toute responsabilité, pour le vouer aux gémonies si l'échec survient !

Il va vous en falloir du courage et de la force pour imposer au monde le fait que vous n'êtes pas le Chef, mais seulement le symbole de l'unité des communautés plurielles qui vivent sur la planète…

Le symbole : ce qui donne sens en réunissant.

Au milieu des milliers de tweets que vous recevrez aujourd'hui, j'espère que ce message vous réconfortera devant une mission aussi lourde !

BON ANNIVERSAIRE !

Pax tecum.

Vendredi 18 décembre 2015 - 20:12

Objet : Histoires simples

Ave,

Ce soir, je ne vous demande rien. Vous m'avez surpris en ouvrant la porte du centre d'hébergement pour sans-abri de la Caritas. J'étais perplexe devant l'ouverture des portes liturgiques. Vous transformez ce geste en un signe d'ouverture d'esprit, d'ouverture de cœur, d'ouverture quotidienne à l'imprévu. Vous voyant au milieu de tous ces visages souriants, la nostalgie a envahi mes pensées et a fait resurgir dans ma mémoire des souvenirs heureux.

Je vais endosser le rôle d'un écrivain, pour vous raconter quelques petites histoires vécues. Vécues par moi. Vous connaissez le prologue du *Décaméron* de Boccace ? Il insiste sur le fait que toutes les histoires qu'il y raconte sont véridiques, qu'elles se sont passées dans une proximité géographique et temporelle, et que s'il n'en a pas été toujours le témoin ou l'acteur direct, elles lui ont été rapportées par des personnes dignes de foi. Bien sûr, Boccace ment ; presque tout est imaginé, même si on ne peut rien imaginer qui n'ait pas un rapport avec le réel. Pour ce qui me concerne, je n'ai pas le talent de Boccace, ni son culot ; ces histoires sont vraiment authentiques.

L'enterrement de Momo

On dirait le titre d'une chanson de Brel, pas vrai ? Vous connaissez Brel, non ? Brassens l'appelait « l'abbé Brel ». Il aimait aussi les paumés, du petit matin et des grands soirs. Il aurait aimé Momo, un colosse dont la poignée de main vous foutait la trouille de votre vie ou la promesse de la plus belle amitié qui soit. Tout dépendait de l'impression que vous lui faisiez, au premier regard. Pour Momo, la première impression était toujours la dernière. Et pour ma chance, nous nous sommes appréciés au premier coup d'œil.

Il avait une tête de brute, Momo, pleine de cicatrices sur un sourire d'ange. Très vite, il m'a demandé de le baptiser. Devant ma surprise, il a expliqué : « Je veux pas être enterré comme un chien ». Et comme un marchand de foi, je lui ai proposé un contrat :

– D'accord. Tu viens lire l'Évangile avec moi de temps en temps et je te baptise dès que tu auras pu passer un mois sans te battre.

Pour l'Évangile, il est venu. Pour la bagarre, j'ai dû attendre. « Faut quand même punir la connerie des autres, non ? » Je riais, bien qu'un peu déçu. Puis j'ai quitté la région tourangelle sans l'avoir baptisé.

Je l'ai revu quelque temps plus tard. Il espérait toujours son baptême, et je maintenais mon offre. Il riait ; un jour, je serais surpris.

Pour être surpris, j'ai été surpris, le jour où ses copains m'ont appelé à Bordeaux pour m'annoncer qu'il était mort, mon Momo.

Même le plus grand Préfet d'Indre-et-Loire n'aura jamais un plus bel enterrement que Momo, dans la cathédrale. Une communion absolue, dans la peine, le souvenir. Et puis l'alcool…

On m'a confié sa photo, et j'en ai fait mon colosse ange gardien. De vous à moi, je peux vous le dire : il bosse bien.

L'enterrement de Paulo

Vous allez croire que je ne fais que des enterrements. Vous n'auriez pas tout à fait tort… Pour celui-ci, pas grand-monde, juste une petite bande d'amoureux du tire-bouchon. Puisqu'il s'agit de Paulo, je choisis comme lecture une lettre de saint Paul. À la fin de la lecture, une voix rauque s'élève :

– C'est beau, ce texte. C'est vieux ?

– À peine deux mille ans…

– Ah ? Pourtant, je l'ai jamais entendu…

Quand vient le moment de la bénédiction de l'eau, je me répète : surtout ne pas citer la Bible et sa fameuse « qui boira de cette eau n'aura jamais plus soif » ! À bannir aussi l'épisode de Jésus changeant l'eau en vin !

Le Christ marchait sur l'eau, et moi sur des œufs. J'invite les participants à venir prendre de l'eau pour bénir le corps de Paulo ; c'est alors qu'une femme s'avance et, dans un geste d'une parfaite élégance – venu d'une vie ancienne sans doute ? –, recueille un peu de liquide dans le creux de la main, lève les yeux vers le cercueil – la bière, évidemment – et proclame :

– Dis donc, Paulo, tu aurais certainement préféré du pinard !

C'est magnifique de simplicité et de justesse, et je souris en découvrant une nouvelle vision du Paradis, celle où le Christ est la vraie vigne.

Mais après tout, de ce point de vue, mieux vaut peut-être être musulman. La Sourate XLVII, 15 promet un paradis où couleront des fleuves d'une eau incorruptible, des fleuves de lait au goût inaltérable, des fleuves de vins exquis ». Et plus loin, Sourate LXXXIII, 25 : « Les purs seront abreuvés d'un vin rare. »

Que le Très Haut considère Paulo comme un pur.

François, je ne sais pas si votre cave à vin est habitée par les rois bibliques Jéroboam et Mathusalem. Mais lors de votre voyage en France – quand, bien entendu, vous vous déciderez à venir –, nous pourrions les convoquer et discuter avec l'un d'eux. Ils ont une capacité reconnue à réconforter les cœurs !

Pax tecum.

Samedi 19 décembre 2015 – 15:43

Objet : Périphéries

Ave,

Qui a commencé, de l'œuf ou de la poule, du semeur ou du moissonneur ? Ce qui est sûr, et heureux, c'est que l'Esprit ne nous a pas attendus pour parler à l'oreille de l'humanité.

Le thème de notre rencontre à Ophel ce matin tournait autour du concept de « Nouvelle évangélisation ». Ce fut un très beau moment où les propos de chacun venaient conforter les intuitions des autres. Nous avions tous le sourire des heures les plus paisibles.

Qu'est-ce que « Évangéliser » ? Après avoir bien affirmé qu'il n'y avait pas à choisir entre semer et moissonner, nous avons quand même opté pour la moisson. C'est elle qui renouvelle inlassablement l'enthousiasme de la foi. La moisson et ses surprises.

Si le Dieu d'Abraham, d'Isaac et de Jacob est le Dieu des vivants et non pas des morts, la place du chrétien – et donc aussi du prêtre – doit alors se situer partout où frémit la vie. C'est là son terrain de recherche. C'est là le lieu de la moisson. Dis-moi qui tu rejoins à travers tes passions, tes goûts, ta vie sportive, associative, culturelle, et je te dirai quel missionnaire tu es.

Vous auriez été abasourdi d'entendre les témoignages qui se sont succédé. Une hymne à la vie. Une ode au Dieu Créateur qui « voit que cela est très bon » (Genèse 1, 31), une louange à la capacité de l'homme et de la femme à aimer et aimer vraiment. C'était beau, François !

Aimer la vie, c'est aussi ne pas être atrophié, a dit une des participantes que j'aurais aimé faire taire car elle a abordé la vie des prêtres, en vous citant allègrement… Être vivant parmi les vivants. Déborder de vie serait donc la première exigence sacerdotale. C'est bien ce qu'elle a compris lorsque vous avez vivement critiqué les « prêtres tristes, gestionnaires ou intermédiaires ». Pour ma part, j'avais en mémoire votre tirade nous invitant à « sortir de nous-mêmes, de nos manières routinières de vivre la foi qui ferment l'horizon de l'action créative de Dieu ; de sortir de nous-mêmes sans se lasser à la recherche de la brebis perdue ; de sortir vers la périphérie, vers les oubliés de l'existence[6]. » Ces oubliés qui nous permettent de ne pas oublier le cœur de notre mission.

Vous savez parler aux femmes… aux hommes aussi. Le mot était lâché. Périphéries. Et tout le monde s'en est donné à cœur joie. Un seul mot capable de couper enfin l'herbe sous le pied des ardeurs protectrices de cette fameuse « Nouvelle évangélisation » que la majorité des membres d'Ophel, comme beaucoup de prêtres de ma génération – et d'autres plus anciens, bien sûr –, ont pris comme une accusation. Notre vie et nos choix pastoraux seraient-ils donc si vieux, contraires à l'évangélisation ?

Il y a un an, lors d'une messe célébrée avec des personnes âgées, vous avez affirmé sans détour que les abandonner consistait ni plus ni moins en une « euthanasie cachée ». Pensez alors à la génération de laïcs et de prêtres qui se sont usés à la mise en place de la réforme conciliaire, François, et qui se trouvent aujourd'hui confrontés à des groupes, forts et conquérants, dont les nouvelles « méthodes » pastorales reposent sur l'affirmation publique de la foi. Je vous en supplie, François, ne les laissez pas nous « euthanasier »…

La formule « Nouvelle évangélisation » ne doit pas être une croisade pour offrir la foi à un monde qui court vers sa ruine, la foi arche de Noé pour sauver l'humanité ! Hors l'arche, hors l'Église, point de salut !

Réconfortez-nous, François ; ce n'est pas *ça* que vous voulez, ce n'est pas aller dans la périphérie pour la faire revenir au centre ! Lorsque le Ressuscité demande à ses disciples d'aller en Galilée, la périphérie de l'époque, il ajoute une promesse : « C'est là qu'ils me verront » (Matthieu 28, 7). Réconfortez-nous, François ; c'est *ça* que vous voulez, c'est aller dans la périphérie de nos certitudes, de nos évidences et de nos habitudes pour y « voir » le Christ aussi présent que dans nos centres paroissiaux… Évangéliser est un acte d'émerveillement. L'Évangile et le Christ ne nous ont pas attendus pour habiter le cœur de l'humanité. Toute autre pensée serait d'une prétention proprement satanique…

Évangéliser est une œuvre de révélation, de dévoilement. Car la plus essentielle profondeur de la foi chrétienne ne réside nulle part ailleurs que dans la certitude de la présence divine parmi les hommes, tous les hommes. Une présence qui ressuscite, qui relève, vivifie, qui enthousiasme. Une présence, là, tout simplement là, comme une ombre amicale sur le bord de la route.

Nous avons prié avant de nous retirer pour que nos yeux s'ouvrent sur l'invisible. François, réconfortez-nous.

Pax tecum.

Mercredi 23 décembre 2015 – 3:12

Objet : Insomnie

Ave,

Vous ai-je manqué ? Voilà trois jours que je ne vous ai pas écrit. Pas eu le temps, l'énergie. Je vais vous raconter… Un instant.

J'essaie d'abord de m'imaginer ce que vous pouvez ressentir en voyant ce mail tomber dans votre boîte comme une hostie inespérée dans une eucharistie où l'on ne prévoyait presque personne, et où la foule se presse. Bon, d'accord, mes métaphores sont lourdes. Si vous regardez l'en-tête du mail, vous verrez que l'heure à laquelle j'écris ce message n'est pas des plus catholiques. Même pour un moine… Je suis coincé entre complies et laudes.

Je me demande donc, dans cette nuit blanche, si je vous ai manqué. Peut-être mes mails construisent-ils pour vous une sorte de roman qui vous rappellerait les temps anciens où vous aviez des amis, et où la vie et le soleil étaient plus brûlants qu'aujourd'hui… Notre âme, dans l'insomnie, est jonchée de feuilles mortes. Mais les regrettez-vous, ces gens simples avec lesquels vous partagiez une humanité concrète plutôt que les vaines querelles de couloirs vaticanesques ?

J'imagine que vous devez en connaître aussi, des insomnies. Ne serait-ce qu'avec ce que vous découvrez des agissements de l'Institut pour les Œuvres de Religion et de tous ces réseaux manipulateurs qui ont pris le contrôle de votre micro-cité-état… IOR ; Institut Odieux de Reniement ? Je n'aimerais pas être à votre place. Je me demande si un garde du corps dort devant la porte de votre chambre.

Bernanos, ou du moins son curé de campagne, aimait la nuit : « *Dieu ! je respire, j'aspire la nuit, la nuit entre en moi par je ne sais quelle inimaginable brèche de l'âme. Je suis moi-même nuit.* » C'est qu'il ne devait pas composer avec des mafieux. C'est qu'il était au cœur d'une campagne paisible, pas d'une cité bourdonnante comme la mienne…

Je n'ai pas dormi pendant plusieurs jours à cause d'un événement que l'on peut, sans forcer les mots, qualifier de tragique. Je me rends compte, en vous écrivant, combien je cherche encore à mettre des barrières pour tenir l'émotion à distance…

Mon bureau est au troisième étage d'un immeuble dans le centre-ville. Un immeuble quelconque, comme il se doit. Samedi, après la belle matinée à Ophel dont je vous ai parlé, je suis à la recherche de partitions pour une future célébration quand la sonnette retentit. Je pense que je soupire, prêt à pester contre ce qui vient déranger une tâche qui ne requiert pas une concentration particulière et que je pourrai reprendre plus tard. Je vais ouvrir ; cela fait partie de notre sacerdoce, n'est-ce pas, la disponibilité, à toute heure du jour et de la nuit…

C'est une femme que je connais bien. J'ai du mal, cependant, à la reconnaître tout à fait tant son visage paraît taillé dans la glace. Sec, crispé, dur. Je veux la faire rentrer, mais là, sur le pas de la porte, immobile au point que je ne vois pas ses lèvres bouger, elle m'annonce qu'elle vient de tuer son fils. Son enfant.

J'ignore quel visage j'offre en réponse au sien. Je pense de toute manière qu'elle ne le voit pas, qu'elle n'entend rien de ce que je pourrais lui dire. Son âme est submergée par les images monstrueuses de son geste.

Je la laisse entrer. Elle parle encore, petits mots secs, des fragments coupants de phrases inachevées. Elle ne vient pas se confesser, elle veut seulement que je sache. Que j'écoute. Et puis mourir.

Je vois mes mains qui se frottent l'une contre l'autre, comme des pierres chercheraient à faire jaillir une étincelle. L'étincelle que je guette, c'est celle du mot magique, faisant de moi un « pêcheur d'homme[7] » pour la ramener à la vie. Mais la pêche est mauvaise.

J'essaie de gagner du temps – mais pour qui ? « Ne bouge pas, je vais préparer du thé… » Oui, du thé. J'aurais pu proposer un verre de whisky, mais le thé, c'était plus de temps pour réfléchir, pour trouver les mots. Je la laisse dans le petit salon et je vais dans la cuisine. Les objets se jouent de moi, plus rien n'est à sa place, je fais tomber une boîte. Mais le bruit qui accompagne cette chute est trop fort, il a comme un écho terrifiant qui vient du salon. Suivi par des cris venus de la rue, qui plongent dans l'appartement par la fenêtre – celle que ma visiteuse a ouverte pour se jeter dans le vide et l'oubli.

Savez-vous ce que j'ai pensé à cet instant, où j'ai immédiatement compris ce qui s'était passé ? Il faut que j'éteigne le gaz. Oui, vous avez bien lu : IL FAUT QUE J'ÉTEIGNE LE GAZ.

Heureusement, la vaisselle était faite…

Notre âme peut se faire si médiocre quand il s'agit de nous protéger.

L'enfant était de père inconnu et sa mère n'avait aucune famille proche. La police est venue. Elle m'a questionné, méfiante ; n'étais-je pas le père ? Il est révolu, le temps où les ecclésiastiques étaient d'office des figures irréprochables et, surtout, insoupçonnables… S'agissait-il bien d'un suicide, ou d'un meurtre ?

J'ai officié pour les obsèques. Nous n'étions pas très nombreux. Et je me suis retrouvé seul, avec mon insomnie.

Je croyais connaître cette femme, j'ai même eu la prétention de croire l'avoir aidée à certaines périodes de sa vie douloureuse. Avoir été capable de déceler sa détresse. Rien. Qui sera le prochain, la prochaine sur la liste des incompris ?

La vie m'a été offerte légère. Elle est pesante pour beaucoup, surtout en ces temps de Noël et de fin d'année où les illuminations, les préparatifs festifs, les débauches de cadeaux lui rajoutent une lourdeur supplémentaire… « Posez sur moi votre fardeau et je vous donnerai le repos. » (Matthieu 11, 28) Je sens bien que l'Église n'est fidèle que lorsqu'elle accueille la misère et offre des instants de sérénité. Je sens bien que l'espace ecclésial que j'habite est loin de cet idéal ; mais ne jetez pas l'anathème sur moi. Le monde est trop dur pour une douce réponse. Le presbytère a été ce matin une falaise sur laquelle une vague terrifiante s'est écrasée. Je pensais avoir tout fait pour qu'il soit une plage que les vagues viennent caresser. Je me suis trompé.

☆

☆☆

Voici trois jours passés. Je n'ai pas oublié le drame vécu chez moi, mais j'y pense désormais comme un plongeur va en eaux profondes, où la lumière ne pénètre pas, avec l'assurance de remonter bientôt à la surface, triomphant des ténèbres, sinon des enfers.

Ce jour-là, je n'ai pas su être repêcheur de femme en détresse, et mon orgueil a pris la tasse. En ces premières heures de méditation sur la Miséricorde, si j'avais trouvé les mots justes, les mots-hameçons, j'aurais pu si facilement croire en moi, à la puissance de ma foi... « *Notre Seigneur avait besoin d'un témoin, et j'ai été choisi, faute de mieux sans doute, ainsi qu'on appelle un passant. Il faudrait que je fusse bien fou pour m'imaginer avoir tenu un rôle, un vrai.* » Merci, Bernanos.

J'ai retrouvé le soir même la partition que je cherchais. Un refrain de Paul mis en musique : « Si je n'ai pas la Charité, je ne suis qu'une cymbale retentissante. » (I Corinthiens 13, 1) Aujourd'hui cette dernière a rejoint la caisse claire et les toms pour faire beaucoup de bruit pour rien. J'ai l'impression que ma vie pastorale polluée par les tâches administratives m'éloigne du concret d'une écoute, d'un accompagnement, d'une vraie compassion. Surtout ne me réconfortez pas demain en me répondant qu'on ne peut pas tout faire, qu'on ne peut pas sauver la terre entière et que ma mission de prêtre est aussi un lieu où le baume de la Miséricorde est offert. Parce que là, je ne parle pas de la terre entière, mais d'une femme, une seule femme pour laquelle je suis resté incapable de me pencher sur sa détresse.

Vous connaissez le baromètre d'Édith Stein ? « L'empathie n'est donc pas une sympathie émotionnelle qui me fait ressentir ce que l'autre ressent, mais la connaissance intérieure de ce que vit l'autre [...]

Ce n'est que lorsque l'empathie est ressentie profondément qu'il y a autotransposition dans l'état de l'autre. Mais la profondeur de l'empathie est variable. Si bien qu'en ressentant les phénomènes, je découvre également comment mon âme est structurée[8]. » Mon baromètre marque, cette nuit, une chute de pression ; je me sens si superficiel !

Je vais encore essayer d'aller dormir, après m'être préparé une tisane « Nuit paisible ». Je ne dois pas oublier d'éteindre le gaz.

François, lorsque nos nuits ont la longueur de l'éternité, réconfortez-nous !

Pax tecum.

Dimanche 27 décembre 2015 – 23:21

Objet : Noël

Ave,

Pardon pour mon silence, je ne vous ai même pas souhaité un Joyeux Noël. Vous étiez occupé par les célébrations et les repas. Moi aussi.

Noël est une fête difficile, peut-être un peu à cause de François, votre saint préféré. Il a eu l'idée géniale d'inventer la crèche pour redonner de l'humanité au message évangélique, en un temps où les dorures des églises faisaient oublier la pauvreté du Christ. Mais de nos jours, il faudrait inventer un nouveau type de crèche au service du dévoilement du message inouï et mystérieux : cet Enfant vient de Dieu ! J'ai l'impression que les santons se donnent le mot pour cacher la profondeur de ce que les théologiens appellent « l'Incarnation ».

Noël est une fête ardue. D'abord dans l'ordre de la foi. Il m'est assez facile de croire en la Résurrection mais, à Noël, il faut passer de la belle et tragique histoire d'un enfant qui naît d'une manière romanesque à l'affirmation de Jean : « Le Verbe s'est fait chair, il a habité parmi nous » (Jean, 1, 14). Avec les santons, il y a les lumières, les cadeaux, les repas qui se liguent dans un travail de désacralisation. Même nos célébrations, avec des veillées souvent centrées sur le protévangile de Luc ou de Matthieu, font tout pour rabaisser l'avènement du Christ à un « fait divers » banalement historique. Alors que ces récits sont là pour dévoiler « les sentiments de Miséricorde de notre Dieu » qui vient nous visiter par cet Enfant « afin de guider nos pas dans le chemin de la paix » (Luc 7, 9).

Ce sont ces passages difficiles que nous avons travaillés avec un groupe biblique la semaine dernière. Travailler les textes est une urgence absolue en ces temps où l'analyse critique des textes sacrés est pointée du doigt ! La Bible n'est pas LE livre par excellence, du moins dans notre culture. La juxtaposition des périodes, des auteurs, des parties, donne un ensemble qui peut paraître disparate. Une première lecture peut décourager ; se lancer dans son étude renforce l'idée qu'on n'en aura sans doute jamais fini avec l'exégèse et les commentaires. La tradition mystique juive considère que le Messie, s'il vient un jour, expliquera non seulement tous les mots écrits de la Torah, mais aussi tous les blancs qui les séparent.

Il m'a fallu longtemps pour parvenir à pénétrer le langage biblique. Comme je le disais en prélude à ces échanges, le Dieu de la Bible est cousin des Pythies. On ne comprend que rarement ses paroles, et Il s'attend à ce que Ses silences soient éloquents. Mais il faut oser plonger… « Les divines paroles et celui qui les lit grandissent ensemble », pensait Grégoire le Grand[9]. Et dans mon cas, c'est juste : les Écritures m'ont permis de grandir. Elles ont conditionné celui que je suis aujourd'hui, pétri de récits bibliques ; et pour nommer le monde et l'appréhender, mon vocabulaire a été forgé dans ce Livre.

Avec le temps, cette importance n'a fait que croître. À travers les partages fraternels et l'étude, les interprétations se sont multipliées et des découvertes m'ont chamboulé. Gare à qui se lance dans l'exégèse ! On n'en sort pas indemne, et l'espace que l'on découvre est infini comme l'univers.

Interpréter… Prêter à toutes les interprétations ; n'est-ce pas la richesse de la Bible ? Pas toutes, peut-être, et certaines n'ont pas manqué, à travers les siècles et jusqu'à aujourd'hui, de justifier le pire alors que seule l'excellence devrait jaillir de cette lecture. Votre tâche, Interprète maximus, est énorme et difficile : rendre la liberté d'interprétation aux chrétiens, les affranchir de ce catéchisme univoque qui a pesé sur eux durant trop de siècles.

Je suis rentré un peu fatigué ce soir-là. Il y avait parmi nous des habitués qui n'ont pas peur de lire « dans les quatre sens », pour reprendre la distinction d'Henri de Lubac[10]. Les néophytes, eux, s'effrayaient ; pourquoi faut-il interpréter ? Ne convient-il pas de recueillir simplement et d'accueillir la Parole telle qu'elle se présente à nous ? Cette idée que la Bible est invariablement Parole divine directe, en oubliant la main de tous ces hommes qui l'ont transcrite, les traductions successives, les mentalités qui évoluent, les mots qui se galvaudent… Et même ceux qui acceptent la nécessité de l'interprétation s'interrogent : celle-ci est-elle justifiée ? Celle-là n'est-elle pas forcée ? L'auteur a-t-il vraiment voulu dire ça ?

Mais quel auteur ? Nous ne le connaissons pas. Et s'il s'agit de Dieu, nous pouvons croire que sa parole est infinie et nous dépasse infiniment, mais que tout commentaire ne peut que s'inscrire dans sa Parole. Et pour ce qui est de la vérité historique de ces récits, il me semble évident qu'il faille au moins la questionner…

J'ai, un moment, pensé à Bernanos : « *Il est un sot… Ils me faisaient penser à ces chênes de vingt centimètres que les Japonais cultivent dans de petits pots. Les petits pots sont nos usages, nos mœurs.* » Refuser ce que les découvertes scientifiques et archéologiques apportent à la lecture de la Bible, c'est être un bonzaï de la pensée. Un bonzaï asséché, mort.

S'il s'agit des néophytes, cela me fait sourire. Ils ont les hésitations de l'enfant qui apprend à nager ; bientôt, ils plongeront avec délice et peut-être se montreront plus téméraires encore que leur maître-nageur. En revanche, je suis glacé d'effroi en lisant certaines interprétations contemporaines insipides. La Parole divine est aussi un repas ; elle doit nous nourrir, nous rassasier et toujours relancer notre appétit. Ces lectures-là sont celles de l'anorexie évangélique.

François, vous savez que le fondamentalisme biblique n'est pas aux portes de l'Église : il est entré, il est à l'intérieur. Les portes s'ouvrent et l'Église l'accueille en ces temps où la peur la rend poreuse. Et pour ceux qui sont dehors, ce fondamentalisme, cette lecture de petit pot desséché les conforte dans l'idée d'une Église obscurantiste.

J'imagine que vous n'avez plus beaucoup le temps de participer à de tels groupes de lecture. En tout cas pas aussi souvent que moi. En ce moment, j'étudie trois « Jésus ». Celui de Benoît XVI avec un groupe, celui de Hans Küng avec trois autres et celui de John Shelby Spong avec deux amis. Quelle souplesse, pas vrai ? Trois visions si différentes du même Jésus, trois sensibilités qui s'opposent. Le dialogue entre elles serait laborieux, voire impossible ; un soir, je suis avec les « descendants », qui aiment suivre un Jésus divin parti à la rencontre de l'homme ; le lendemain, je m'émerveille avec les « ascendants », qui scrutent l'humanité du Christ révélant peu à peu sa divinité.

Ce n'est pas simple ! La gymnastique est rude parfois, car j'ai des convictions – vous les devinez, sans doute. Mais elles ne doivent pas dominer ; je dois préserver et valoriser avant tout l'unité de la communauté chrétienne qui m'a été confiée. Vous pouvez me donner la médaille d'or d'équilibriste et celle d'argent de contorsionniste pour cette dernière soirée biblique lorsque nous avons appris que Jésus n'était certainement pas né à Bethléem, que la crèche et son âne et son bœuf, les Rois Mages et leurs trois cadeaux, les anges et leurs trompettes, étaient le fruit d'un procédé littéraire appelé *midras hagadico* qui « dit » la foi à travers une biographie truffée de références vétérotestamentaires. Entre les illuminés qui me demandaient de ne pas mettre cette année les rois mages dans la crèche et les effrayés qui me soupçonnaient de vouloir leur faire perdre la foi, j'ai surfé…

François, réconfortez les chercheurs ! Confondez les manipulateurs ! Une lecture simpliste de la Bible assèche une Parole qui est souffle de vie. Ne laissez pas supposer que vous puissiez défendre des interprétations hasardeuses, réductrices. Aidez les chrétiens à grandir, même au risque de choquer.

En attendant le choc, voici le clic. Réconfortez-nous.

Pax tecum.

Vendredi 1er janvier 2016 – 2:02
Objet : AUGURI !

Ave,

BONNE ANNÉE ! BONNE ANNÉE !

Oui, je suis un peu saoul. Je ne vais pas essayer de vous faire croire le contraire, ni mentir. Ce serait mal commencer l'année, non ? Et je n'aime pas mentir. Parfois, on n'a pas le choix. Un pieux mensonge, disons-nous… Mais ce soir, je m'en remets à votre Miséricorde.

La vérité, toute la vérité, rien que la vérité, laquelle est, ce soir, dans le vin ! Je suis en Espagne, avec des amis. Deux jours de ski. La vie glisse sur les pentes enneigées, les enterrements sont suspendus, personne n'a eu le mauvais goût de mourir dans ma paroisse – ce manque de savoir-vivre, comme disait je ne sais plus quel humoriste. Je descends les pistes, nous descendons quelques bouteilles de *tinto*, nous avalons des noires et des tapas…

Et vous, François, comment passez-vous votre réveillon de Nouvel An, après avoir chanté le *Te Deum* à Saint-Pierre ? Un petit gueuleton entre amis ? Une balade incognito dans les rues de Rome, déguisé comme dans le film de Nanni Moretti ? Affalé devant une débilité maximale de la RAI ? Je vous imagine plutôt réfugié dans un monastère pour prier, ou alors parmi les bénévoles d'un centre d'accueil, en train de servir de la soupe chaude aux personnes esseulées. Ce que j'aurais dû faire, sans doute. Mais j'ai préféré partir.

Je ne vais pas chercher à me justifier. J'aime la présence de mes amis, j'ai besoin de ce grand bol d'humanité, de temps en temps. Nouvel An ou pas Nouvel An, foie gras ou pas foie gras. C'est du bonheur simple et partagé. Le Christ les aimait aussi, ces moments… « Encore un peu de temps et vous ne me verrez plus. » (Jean 16, 17) Et moi ? Je ne sais pas.

Je vous en ai déjà parlé, je sais. Ne m'en veuillez pas. Je viens de quitter la fête, vous voyez, je suis quand même raisonnable, il n'est que deux heures du matin. Sur le chemin de retour, je fredonnais la chanson de Serge Reggiani, celle que je voudrais pour mon enterrement.

Je l'aime tant, le temps qui reste...
Je veux rire, courir, pleurer, parler,
J'ai pas fini, j'ai pas fini,
Je veux parler jusqu'à la fin de ma voix...
Je l'aime tant le temps qui reste...

Alors voilà, cher François, vous êtes la première personne à qui je m'adresse en ce premier janvier, si nous faisons exception de mes compagnons de traversée, et j'en suis également heureux. Je vous souhaite de vivre avec passion. Pas la Passion qui fait souffrir ; celle qui donne envie, celle qui pousse à l'action.

Celle qui vous aidera à réconforter les vivants...

Pax tecum.

P.-S. : Je pense à cette femme, à son enfant. Ils me hantent. Pensez à eux lorsque vous ouvrirez les portes de votre cathédrale. Demandez au Père sa Miséricorde pour qu'Il leur ouvre celles que l'on dit éternelles.

Mardi 5 janvier 2016 – 0:01

Objet : Tâche indélébile ?

Ave,

Il est un peu tard, mais je me suis rarement couché de bonne heure et je n'ai pas envie d'aller me coucher sans vous avoir retrouvé, ne serait-ce que virtuellement. Je ne sais d'ailleurs s'il faut ou non s'inquiéter de cette addiction ; serait-ce que dans la solitude sacerdotale, j'ai besoin d'un confident… Pourquoi vous avoir choisi ? me demanderez-vous (du moins si vous me répondiez). Allez savoir… Toujours est-il que je préfère m'adresser à Dieu qu'à ses saints…

Petit souvenir : quelques minutes avant notre ordination, l'évêque nous a appelés, les trois futurs prêtres qu'il s'apprêtait à envoyer sur les chemins pastoraux. Il voulait nous donner une dernière recommandation : tous les soirs, avant de nous coucher, nous devions ouvrir nos mains pour déposer dans celles du Père tout ce qu'elles auraient fait au service de nos frères et sœurs. « Entre tes mains, je remets ma vie » (Luc 23, 46)… Il a précisé : « C'est cela, le vrai geste d'offrande ; celui de la messe n'en est que le signe ». Et il a conclu : « Et si elles n'ont servi à rien, ne vous couchez pas… »

Ce soir, mes mains sont crispées. Une visite dans une maison de retraite m'a bouleversé.

J'y ai célébré le sacrement des malades avec un homme de 83 ans, au visage rayonnant de bonté. Laissez-moi vous raconter, afin de me permettre de trouver le sommeil…

Il est là, dans son lit, épuisé mais souriant, prêt à vivre sa Pâque. À ses côtés, sa femme est prête aussi, pleine d'une folle tendresse. Leurs rides s'embrassent, et c'est d'une telle beauté… Il y a aussi leurs enfants, des quinquagénaires plus ou moins sereins, plus ou moins déchirés.

Peu après mon arrivée, la famille quitte la chambre pour me laisser seul avec lui. J'ai toujours été ému par cette délicatesse qui semble croire que le mourant a des secrets à révéler. Avant de s'éloigner, son épouse murmure à mon oreille, contrite : « Nous sommes des divorcés remariés. » Alors que cette famille est réunie pour une communion aussi intense autour d'un mourant, d'un homme aimé, cette femme se sent tenue de confesser ce qui paraît être à ses yeux un péché indélébile. N'est-ce pas ce que l'Église lui a seriné toute sa vie ? Un péché impardonnable qui les prive tous deux de la communion et de tous les sacrements.

Resté seul, je prends place au chevet du vieillard, qui n'a pas cessé de sourire.

– Vous êtes bien jeune, l'abbé, me dit-il. Si vous saviez comme je suis heureux de partir entouré de ma famille... Jamais encore, de toute notre vie, nous ne nous étions dit combien nous nous aimions...

Je ne réponds rien et le laisse parler. Il évoque la guerre d'Algérie, qui a chamboulé sa vie. Il était alors un jeune marié, dans un petit village rural, plein de vignes. Un mariage précipité, mais un mariage d'amour. La vie aurait été si différente s'il n'y avait pas eu la guerre... La guerre qui l'a précipité, lui, dans un monde inconnu. Pire : dans la peau d'un inconnu.

De retour en France, c'est cet inconnu qui a débarqué. Un homme déformé par la guerre, qui n'a jamais retrouvé sa peau ni son âme d'antan. Et le divorce, après six mois, parce que l'épouse d'avant ne pouvait vivre avec l'homme d'après – et réciproquement, sans doute.

Quelques mois plus tard, c'est la rencontre avec Bernadette. Son intelligence comprend le silence de l'homme blessé et sa douceur cicatrise les blessures. Miracle de l'amour, le plus banal et le plus exceptionnel à la fois.

Ensuite, le mariage, la famille.

– Mais l'Église ne nous a pas suivis... Pour le mariage, je peux comprendre. Mais la communion... Vous imaginez le jour de la première communion de nos enfants ? Obligés de rester assis sur le banc, comme des parias, alors qu'on leur explique qu'il est essentiel de communier ? Comment peut-on interdire quelque chose d'essentiel ?

J'ouvre la bouche pour répondre, mais il m'arrête d'un geste amical sur le bras.

– Ne répondez pas, je vous en prie. Je sais que vous êtes aussi malheureux que moi de cette situation. Mais quoi... Cinquante ans de fidélité conjugale, cinquante ans d'amour, cinquante ans de construction familiale ; ce n'est pas rien ! Cinquante ans, et toujours stigmatisés, jugés incapables de communier parce que...

Il reprend son souffle et se lance dans une longue citation :

– « Leur état et leur condition de vie sont en contradiction objective avec la communauté d'amour entre le Christ et l'Église, telle qu'elle s'exprime et est rendue présente dans l'Eucharistie [11] »...

Sa tête retombe sur l'oreiller, il semble soudain épuisé. Vous connaissez ces phrases terribles, François, et lui les récite de mémoire. On devine qu'il se les est répétées sans relâche, durant ces trente dernières années, comme la condamnation injuste qui frappe un innocent. Et ces mots me transpercent...

Que puis-je lui répondre ? Je l'ignore. Je m'en veux de mon silence, et j'en veux à l'Église de ne me permettre de lui offrir aujourd'hui un sacrement que parce qu'il est en fin de vie. J'ai juste bredouillé :

– Voulez-vous, cinquante ans après, recevoir le sacrement des malades ?

Il s'est redressé et m'a souri.

– N'ayez pas peur de dire que c'est celui des mourants. Merci... Nous dirons qu'il sera aussi celui de la réconciliation avec l'Église.

Vous connaissez aussi bien que moi la beauté et l'émotion de ces célébrations – et celle-là, croyez-moi, était particulièrement bouleversante. Mais vous savez aussi que toutes ces histoires autour des divorcés remariés ne sont rien d'autre qu'une sordide affaire de sexe. Pas la moindre once de théologie ni de Bible là-dedans ! Cet interdit ne fait que mettre en lumière l'éternel problème de l'Église avec la « chose »... Et je songe encore à Bernanos : « *On nous accuse, on nous accusera toujours, nous les prêtres – c'est si facile ! – de nourrir au fond de notre cœur une haine envieuse, hypocrite, de la virilité.* »

Parfois, ouvrir les mains est un signe d'impuissance. Parfois, nos paumes ne contiennent rien d'autre que cette incapacité de répondre à la détresse d'hommes et de femmes sincères qui, dans leur vie, incarnent l'idéal d'amour du Christ et sont pourtant tenus éloignés du «*sacramentum caritatis*[12]». Alors ce soir, François, en pensant au conseil de mon évêque, mes mains ouvertes s'unissent à celles et ceux qui ne les ont plus ouvertes pour recevoir le pain eucharistique à cause d'un interdit si peu évangélique…

François, vous savez qu'une immensité de chrétiens souffre de cette situation. Engagés dans des conseils de paroisses, militants actifs, animateurs liturgiques, ils vivent leur foi dans une Église qui n'arrive pas à « entendre le cri du peuple de Dieu ». Croyez-vous vraiment qu'un échec dans une vie puisse fermer à jamais les portes de la « possibilité » de toucher sacramentellement la Miséricorde divine ? L'Église croit-elle qu'accorder une vie nouvelle aux divorcés serait une invitation à la débauche ? Dans votre lettre, vous rêvez qu'elle soit comme le Père miséricordieux de la parabole de Luc, aimant de la même manière le fils repentant et le fils fidèle, leur offrant le même festin.

Recevez ce mail, François, comme une main tendue qui cherche une main ouverte et chaleureuse en signe de réconfort.

Pax tecum.

Mercredi 6 janvier 2016 – 21:54

Objet : Son' italiano vero

Ave,

Ho capito ! Lei non mi risponde per che non parla francese[13] ! Les avis sont partagés : certains affirment que vous pratiquez la langue de Molière, d'autres non. J'aurais dû y penser plus tôt ! D'autant que j'ai fait mes études en Italie et que je maîtrise donc la langue officielle du Vatican. C'est de toute manière plus pratique que le latin.

Mais vous désirez peut-être quelques leçons de français avant votre venue chez nous ?

Je me pose la même question vis-à-vis de Dieu. Quelles langues parle-t-il ? Quelles langues comprend-il ? A-t-il pris des cours après Babel, ou s'est-il résigné à interrompre le dialogue ? En tout cas, je ne comprends pas toujours la sienne. Je reste étonné devant l'affirmation de Paul, selon qui la Création fut le premier livre d'écriture à travers lequel Dieu nous parle. Devant une fleur ou un coucher de soleil, je ne m'extasie pas ; je suis pris de vertige. Si Dieu a voulu et créé tout cela, pourquoi se préoccuperait-il de ma petite existence ? « À voir ton ciel, ouvrage de tes doigts... qu'est-ce que l'homme pour que tu penses à lui, le fils de l'homme que tu en prennes souci ? » (Psaume 8, 4-5) Face à l'immensité en expansion, n'est-ce pas faire preuve d'un orgueil infini que de croire en la présence divine dans ma vie, dans la vôtre, dans celle de chaque personne croisée dans le métro ? Dieu aurait un lien privilégié avec chacun de nous ? Folie ! La Shekina juive, cette présence de Dieu, n'est-elle pas l'expression d'un romantisme religieux ? « [...] Ne crains pas, je t'ai appelé par ton nom [...] Je serai avec toi. Parce que tu as du prix à mes yeux, que tu as de la valeur et que je t'aime... » (Isaïe 43, 1-4).

Et pourtant, je le crois. Je le crois, je le crois. Et je le redis : je le crois. Parce que le Christ m'y invite. Je n'irai pas jusqu'à prétendre avec Matthieu (10, 30) qu'il connaît le nombre de mes cheveux (même si, dans mon cas, le mérite serait mince…), mais je trace le sillon de ma quête de Dieu avec la certitude que se concilient son infinie grandeur et son infini intérêt pour l'histoire de chacun. Même si cette idée me bouleverse. À voir le ciel, la lune et les étoiles, je suis comme Bernanos : « *Le sentiment de mon impuissance m'étreint si vivement que je perds le fil de mon pauvre courage, comme un orateur maladroit perd le fil de son discours.* » Je me résigne à vivre ma foi, comme saint Augustin, dans une tension douloureuse entre deux dénominations divines. D'une part : *Je Suis qui Je Serai,* qui en impose à l'homme par son ÊTRE « de toute grandeur » devant qui l'homme est si peu. D'autre part : *Je suis le Dieu d'Abraham et le Dieu d'Isaac et le Dieu de Jacob*, qui propose un lien tellement personnel qu'il peut devenir aussi le Dieu de Francis, le Dieu de Jorge Mario ! Comme le Christ a été présent à la vie de la Samaritaine, de Pierre, du Lépreux, de Marie-Madeleine, de Judas, de…

Dieu parle donc pour proposer une relation, un lien avec chacun d'entre nous. Et nous parlons la même langue lorsque nous exprimons notre capacité à aimer, notre manière de nous relever, notre énergie pour dépasser les épreuves, notre aisance à reprendre espoir, notre volonté de toujours reconstruire, notre force dans le pardon. Ces gestes et ces mots sont l'alphabet et la grammaire de Dieu, le plus bel « esperanto » qui se puisse imaginer. C'est sûrement ce qui vous a incité à proposer des gestes concrets de Miséricorde pendant cette année. Ils donnent à voir cette présence divine et à entendre sa parole qui permet l'impossible. Cela conforte l'intuition de notre curé de campagne : « *Ah ! c'est que le plus misérable des hommes vivants, s'il croit ne plus aimer, garde encore la puissance d'aimer.* »

Espérons que vous comprendrez mon italien. Il n'est pas à la hauteur du vôtre. Pourtant vos proches ont parfois du mal à vous comprendre. Peut-être parce que vous vivez votre charge « à genoux », comme vous l'avez si bien formulé en évoquant le cardinal Walter Kasper[14]. Vous ne vous la jouez pas. Vous osez varier les registres et les niveaux. Vous jonglez entre la parole simple, un mot souvent amusant, une anecdote à la messe matinale, et puis le discours argumenté devant des évêques.

Une réponse spontanée à la presse dans l'avion et une parole définitive pour le Synode. Vous osez, et Bernanos vous y encourage : « *Il faut être fou pour ne pas comprendre que la seule justification de l'inégalité des conditions spirituelles, c'est le risque. Notre risque. Le tien, le mien.* »

Merci, François, pour ce langage imagé et accessible. La simplicité est difficile, et elle oblige à ne pas tricher. Pour beaucoup, l'hermétisme conceptuel est un masque, un faux-fuyant pour éviter une parole qui les engagerait vraiment.

Lorsque je vous lis, peut-être suis-je dans l'illusion en vous faisant dire seulement ce que je veux entendre. Et d'ailleurs, si cela me réconforte, n'est-ce pas le principal ?

Ce soir, lirez-vous mon mail italien ? De Pape, deviendrez-vous « pape de Francis » ?

Pax tecum.

Jeudi 7 janvier 2016 – 23:54

Objet : Triste anniversaire

Ave,

Comment fêter le premier anniversaire des attentats de Charlie et de l'Hyper Casher, alors que nous n'avons pas encore fait taire en nous la révolte face à ceux qui ont eu lieu voici deux mois ? Trop de mort, hier. Aujourd'hui trop de mots. Tout est trop. Trop d'émotion, trop de stupeur. Et je ne veux pas en faire trop.

Vous savez, François, que *Charlie Hebdo* aime se payer la tête des papes. Vous avez été croqué en Nabilla. Pas très inspiré mais plutôt sympathique. Leur dernier tiré-à-part sur la vie de Jésus ne peut laisser indifférent. Je me rappelle qu'en le lisant, j'avais été choqué, ému, énervé, amusé, emballé, désolé, convaincu, perplexe. Tous ces sentiments à la fois pour finir sur l'indifférence. Non pas pour répondre à l'appel du Christ à pardonner à nos ennemis, car un caricaturiste ne peut être un ennemi, seulement un aventurier du rire qui va chercher en nous notre capacité à l'humour. Tiens, c'est un bon sujet de prédication pour vous : l'humour, chemin de Miséricorde !

La Une du journal est difficile aujourd'hui. S'il est légitime de se poser la question, avec Dostoïevski et Camus, de l'existence de Dieu devant le mal que nous subissons, de se demander s'il ne fait pas preuve de non-assistance à humanité en danger, peut-on allègrement le déclarer « coupable » ? N'est-ce pas plutôt le « Satan », le Diviseur qui court toujours à la recherche de cœurs malveillants, même s'ils sont religieux ?

Je n'ai pas lu l'hebdo. J'ai préféré lire votre ordonnance médicale adressée à la Curie à l'occasion des vœux. L'an dernier, la description des « virus » spirituels était virulente. Cette année, la prescription des « antibiotiques » en vue de la guérison des cœurs m'a fait sourire.

Cher docteur, en proposant ces médicaments, vous témoignez d'un Dieu miséricordieux, « lent à la colère et plein d'amour » (Psaume 144, 8) et vraiment, vous nous réconfortez.

Pax tecum.

Vendredi 8 janvier 2016 – 13:41

Objet : Décomplexé

Ave,

Une « habitante » d'Ophel est arrivée chez moi au petit matin, son journal entre les mains, dans une colère noire. Sans même dire bonjour, elle m'a montré un article ahurissant dans lequel un prêtre se dit « décomplexé » parce que sûr de détenir la vérité. Il n'en fallait pas moins pour faire la Une du journal local ! Cet ecclésiastique aurait pu citer mon cher Bernanos : « *Nous sommes là pour enseigner la vérité, elle ne doit pas nous faire honte* » ; mais je me suis gardé d'en faire part à mon hôte. Il me fallait la calmer, non l'exciter.

Je lui offre quand même un café noir – « aussi noir que la soutane de ce mec-là », dit-elle – et elle me raconte.

« J'avoue, j'ai aimé, pendant des années, cette folie rassurante qui proclame qu'en mathématique 2 + 2 = 4 et qu'en théologie trinitaire 1 + 1 + 1 = 1. Je me suis sentie si forte dans cette ivresse de la Vérité, Vérité majuscule et Vraie puisque révélée, Vérité en toute chose puisque Dieu est Tout. J'ai été animatrice de camps, de sessions, de retraites, parce que l'assurance donne des ailes. Puis, ne me demande pas pourquoi, la mort de mon père a fait naître en moi le questionnement. »

Elle me raconte comment elle a profondément changé, même si la sagesse populaire affirme qu'on ne change pas, utilisant une métaphore : « J'ai quitté le confort d'un yacht de plaisance sur la Méditerranée pour gagner l'équipage d'un monocoque battu par les vagues, au beau milieu de l'Atlantique déchaîné. »

« Ce curé est décomplexé. Il veut ôter le sel de l'interrogation et lui substituer le miel doucereux qui coule de la soumission à une Vérité. Anéantir la remise en cause des concepts au profit d'une adhésion à l'immuable. Or, la vérité est polyphonique et s'écrit au minuscule pluriel. »

Je ne savais pas par où commencer pour lui répondre. Une seule certitude : ne pas lui demander mièvrement d'être miséricordieuse pour ce fameux prêtre… J'ai pris le risque de lui confesser avoir également connu auparavant cette immense capacité à décomplexifier les grandes questions de l'humanité au nom d'une foi simple et sûre. Lorsqu'elle m'a demandé l'origine de ce changement radical, je lui ai cité l'abbé de campagne qui résume bien mon état actuel : « *mon premier mouvement est de me donner tort, j'entre assez bien dans l'opinion des autres* ». Je lui ai confié : « Je crois qu'à travers le ministère de prêtre, j'ai appris à écouter avec avidité et passion toute pensée nouvelle que l'on a la générosité de m'offrir. Et tant pis si cette écoute puise ses racines dans un maladif complexe d'infériorité ou si elle est le fruit d'une ascèse intellectuelle ; elle est une urgence sanitaire. Je suis peut-être complexé, mais je sens bon. » Devant son air surpris, je lui ai présenté un exemplaire du *Journal* de Jules Renard à la page où il dit : « C'est une question de propreté : il faut changer d'avis comme de chemise. » Enfin, elle a ri.

Ma visiteuse du matin m'a demandé si notre prochaine rencontre à Ophel ne pourrait pas se centrer sur « l'humilité devant la vérité ». Son argument : « J'ai étudié à la Catho de Paris pendant des années. Des professeurs ont réussi à me faire découvrir la complexité des questions théologiques. Moi qui avais prêché plus jeune que l'humilité consistait d'abord à s'incliner devant La Vérité affirmée, je pense aujourd'hui la vivre dans le tâtonnement de ma recherche d'une vérité qui, peu à peu, se dévoile. Être humble, c'est avoir la certitude de son incertitude. L'assurance conduit à la folie, et la folie religieuse mène au pire meurtre qui soit : celui qu'on commet au nom de Dieu, que l'on fait tomber au rang des victimes. »

Nous n'avons pas eu le temps de discuter, elle devait rejoindre son travail. En vous écrivant, je regarde la Une du journal qu'elle a oublié ou laissé délibérément sur mon bureau. J'ai envie de pleurer.

François, déstabilisez les fous, complexez-les. Être miséricordieux, ce n'est pas virer sa veste mais c'est changer de chemise. Alors réconfortez-moi et offrez-m'en une nouvelle !

Pax tecum.

Dimanche 10 janvier 2016 – 21:47

Objet : Baptêmes

Ave,

Vingt-six baptêmes aujourd'hui, vous n'y allez pas de main morte. Je ne peux rivaliser avec vous mais j'en ai quand même eu cinq. Rien que de très normal, me diriez-vous si vous acceptiez enfin de me répondre – au passage, j'en profite pour vous dire que je prends votre insistant silence pour une exhortation à poursuivre mes envois réguliers. Certes. J'ai envie de vous parler de ma joie profonde lorsque je reçois des parents à cette occasion, même s'il me faut travailler sans relâche, et de plus en plus, la souplesse de mon esprit pour pratiquer avec grâce le grand écart, un pied sur une demande parentale souvent peu préoccupée par la foi, un autre sur la grandeur que ce geste revêt à mes yeux.

D'habitude, le scénario de ces rencontres est assez convenu : je me réjouis de la beauté de l'enfant, j'évoque les changements qu'une telle arrivée ne peut manquer de susciter, et puis j'aborde la question de la foi en rappelant que ce sacrement est d'abord et avant tout un acte de foi des parents. « Croyez-vous en Dieu le Père, le Fils et l'Esprit-Saint ? » Et là, la réponse doit être : « Je crois. » Pas un « je crois » qui signifie « peut-être » ; une affirmation résolue.

Aujourd'hui n'a malheureusement pas dérogé à une règle de plus en plus fréquente. Le père de la première famille m'a répliqué qu'il ne croyait pas, et la mère qu'elle croyait bien qu'il y avait « quelque chose » mais que l'Église, « c'est n'importe quoi ! ». Quant aux deux autres parents, ils m'ont dévisagé avec une incrédulité désarmante : baptiser, « ça se faisait, non ? ». J'ai cru entendre Bernanos : « *Chacun naît tel ou tel, meurt de même. Nous autres dans la famille, nous sommes d'Église… C'est le sang qui le veut comme ça, rien à faire.* » La religion comme une espèce de maladie génétique…

Je vous imagine, comme moi, émerveillé par le cours de théologie sur le sacrement de baptême, pendant vos études au séminaire.

Je suis sûr que, vous aussi, vous avez vu ce geste baptismal, qui nous plonge dans la mort-résurrection du Christ, atteindre, au gré de votre progression spirituelle, le degré d'un acte mystique : l'incorporation dans le Christ. Et je me souviens de mes sauts au plafond lorsque j'ai commencé à lire les Pères de l'Église ! J'ai conservé dans ma Bible un petit marque-page fait maison avec une phrase de Cyrille de Jérusalem : « Nous sommes devenus un avec lui (*sumphotos*) par la ressemblance de sa mort, nous le serons aussi par celle de la résurrection. Il est splendide ce mot *sumphotos* – un avec lui, greffés sur lui. En effet, la vraie Vigne a été plantée ici sur ce Golgotha et nous, par la participation à son baptême de mort, nous sommes devenus un avec lui. »

Vous avez aussi certainement connu le fossé entre cette théologie grandiose et les préoccupations bien plus mondaines des familles... Comme moi, cet après-midi, vous avez tendu joue droite et joue gauche à cet athéisme mou contemporain pour qui Dieu n'a aucune importance – mou mais qui exige un accueil de la part de l'Église au nom du maintien des « traditions ». Tout le monde ne s'appelle pas Simone Weil !

Cela suscite un vaste et difficile débat parmi les prêtres. Que devons-nous répondre ? Jusqu'où devons-nous aller, ou ne pas aller ? Nous prêter à ce qui n'est qu'une comédie sociale ? Espérer que la grâce touchera au moins l'enfant innocent qui ne comprend rien à ce qu'il lui arrive, et qui se voit engagé dans une foi par des parents qui n'en ont pas ?

En ce qui me concerne, j'accepte toujours. Qui suis-je pour mesurer le degré de foi des parents ? Et même s'il n'y a pas la conscience de la « grandeur théologique » du sacrement, il y a du moins une véritable volonté de célébrer, à l'occasion de cette naissance, une présentation solennelle de l'enfant à la famille, voire à la communauté – et pour moi, une réelle occasion de proclamer l'Évangile comme vrai chemin de lumière.

D'ailleurs, cela me permet de vous raconter une première anecdote, rapportée par un ami, protestant, à qui des amis, catholiques pratiquants, avaient demandé d'être parrain de leur fille. Réunion avec le curé, dans un petit village. Les parents sont croyants, mais tendance post-68. Ils prennent le curé à parti, avec les parrain et marraine : un baptême, c'est l'entrée de l'enfant dans une communauté, non ? Alors, pourquoi n'y a-t-il jamais que la famille présente ? Après avoir subi une discussion théologique remuante, le brave curé s'en retourne. Et le jour du baptême, l'église est pleine ! Il avait rameuté tous ses paroissiens, en leur rappelant que, de fait, un baptême était aussi un accueil…

Et puis, il y a aussi des baptêmes où la profondeur de la foi des parents se manifeste dans des mots ou des gestes que libère le rite. Deux autres petites histoires, si vous le voulez bien…

Dans le rite, il est demandé aux membres de la famille réunis autour de l'eau baptismale de renoncer à ce qui les détourne d'une vie évangélique. Après quoi, on y plonge trois fois l'enfant. Un jour, à la sortie, le père, d'origine espagnole, vient me trouver et me demande, avec un fort accent, s'il peut retourner noyer ses péchés dans l'eau. J'acquiesce. Il rejoint le baptistère, déchire violemment sa chemise, se retrouve torse nu, se place comme un torero devant le taureau au moment de la mise à mort et, dans un geste grandiose et excessif, plonge les bras dans la vasque pour s'asperger, avant de s'écrier : « Seigneur, enlève-moi les femmes du corps ! Enlève-moi les femmes du corps ! » Et sur ce, sa femme s'empresse de le rejoindre et d'ajouter de l'eau en complétant l'oraison : « Ça oui, Seigneur ! Et tout de suite, s'il te plaît ! »

L'autre histoire concerne un baptême en commun. Le petit Johnny R. dont le papa est un fan inconditionnel de l'autre Johnny, et la charmante Marie-Adélaïde de M… Dimanche, après la messe, déboule sur le parvis un convoi de motos grosses cylindrées : la famille de Johnny débarque et se gare à côté des Audi et Mercedes de la famille de Marie-Adélaïde, laquelle, bien entendu, n'a pas manqué la messe. Johnny, caïd de six mois, porte un ensemble en cuir avec autour du cou la médaille de son signe astrologique ; Marie-Adélaïde, poupon d'un mois, porte la magnifique robe de baptême transmise de génération en génération, sur laquelle brille une médaille de la Vierge, relique mémorable de l'arrière-grand-mère. Une concélébration qui s'annonce pour le moins rock'n'roll… Mais non !

À la première intervention, les R. applaudissent chaleureusement. À la seconde, les M. les suivent du bout des doigts. Au final, chaque rite donnait lieu à un tonnerre de « Viva ! Bravo ! » ponctués d'applaudissements assourdissants. Une magnifique communion dans la foi, célébrée au son des paumes…

François, voici deux ans, j'avais bien ri lorsque vous avez avec humour demandé qu'on accueille avec empressement tous ceux qui demandent le baptême, même les Martiens, ces « hommes verts au long nez et aux grandes oreilles ». Il nous arrive parfois de faire des rencontres du troisième type, c'est vrai. Parmi les vingt-six familles de ce dimanche, fête du Baptême du Christ, ne cherchez pas à me convaincre que toutes étaient parfaitement *clean* !

D'autre part, la décontraction de vos propos, aujourd'hui, permettant aux mamans d'allaiter devant vous dans la chapelle Sixtine, me laisse imaginer que vous ne venez pas du Brésil, mais d'ailleurs. Du Royaume ? Quel réconfort !

Pax tecum.

Jeudi 14 janvier 2016 – 18:14

Objet : Indulgences

Ave,

Micro-mail entre deux urgences inutiles… Soyez indulgent !

J'ai déjeuné ce midi avec un ami que je retrouve régulièrement et qui n'a pas la langue dans sa poche. Pas vraiment un grand chrétien. Mais un excellent ami. Nous nous sommes retrouvés pour fêter la nouvelle année et, un peu grisé, je lui ai confié le secret de mes mails. Il a gobé une huître et m'a regardé de ses yeux malicieux – là, j'ai compris que j'aurais mieux fait de parler d'autre chose.

– Si tu as le pape, parle-lui des indulgences ! On a l'impression que Luther n'a rien changé… Tu ne trouves pas ça dingue, toi ? Acheter son ciel ? Si Dieu est bien celui dont parle le Christ, je ne vois pas pourquoi il ferait payer…

Je vous jure que j'ai essayé de lui expliquer… La peine temporelle, les mérites surérogatoires, l'indulgence partielle ou plénière, les portes de cette année de la Miséricorde…

Nouvelle huître, nouveau regard plus ironique encore :

– Et tu y crois, toi, à ces trucs de comptable de province ?

J'ai préféré rire.

Mais là, entre nous, ce serait pas mal si vous pouviez supprimer les articles 1471 à 1479 du Catéchisme. Ça ferait un bien fou à pas mal de chrétiens.

Réconfortez-nous, François. Et offrez votre indulgence.

Pax tecum.

Dimanche 17 janvier 2016 – 16:31

Objet : Le nom de Dieu est Miséricorde

Ave,

Je viens de terminer la lecture de votre livre. Merci pour sa simplicité. Rien de figé. Des expériences et des rencontres, comme dans les Évangiles. Je ne vous donne pas mon avis puisque vous n'exercez pas votre droit de réponse ; je désire seulement vous indiquer mes deux passages préférés.

Pour le premier, je me fais cinéaste car votre histoire du capucin confesseur qui se débrouille comme il peut avec Dieu ravive les souvenirs de Fernandel dans le rôle de Don Camillo…

Lieu : La cuisine du presbytère.

Situation : Le capucin, l'air triste, assis devant la table, parle à haute voix. « Pourquoi lui ai-je donné le pardon ? Ce qu'il m'a confessé me semble tellement abject. Il va sûrement profiter de ce pardon pour recommencer allègrement, assuré d'une prochaine absolution. Je suis trop tolérant, je pardonne trop facilement. »

Lieu : L'église paroissiale.

Situation : Notre capucin rejoint le fameux Christ bavard sur le crucifix dominant l'autel. « Seigneur, pardonnez-moi, parce que j'ai trop pardonné. Mais à qui la faute ? C'est Vous, Seigneur, qui m'avez donné le mauvais exemple en étant si indulgent ! »

Réponse du crucifix. « Comment aurais-je pu faire autrement ? Je ressemble tellement à mon Père dont la Miséricorde dépasse ton entendement humain ! »

Lieu : Sa chambre.

Situation : Couché dans son lit, le prêtre ouvre son livre de chevet qui est, vous vous en doutez, le *Journal* de Bernanos. Il lit : « *Un prêtre est comme un médecin, il ne doit pas avoir peur des plaies, du pus, de la sanie. Toutes les plaies de l'âme suppurent.* »

Il pose le livre sur son cœur et s'endort, le sourire aux lèvres.

Pour le second, je me fais peintre faussaire, reproduisant *Le berger gardant ses chèvres* de Guillaume Bodinier. Entouré de merveilleux bovidés, l'enfant regarde ailleurs. Dans mon tableau, je rajoute l'objet de son regard : la brebis qui s'est perdue et qu'il est allé chercher, laissant selon l'ordre du Christ les quatre-vingt-dix-neuf autres dans le désert.

Elle revient de loin, écorchée, affamée, fatiguée, triste. Mais c'est elle que le berger regarde, « *miserando atque eligendo*[15] ». Elle ne peut faire que des petits pas, obligeant le troupeau à une sédentarité qui ne lui est pas habituelle. Elle est l'ombre dans le tableau, mais le centre de l'image.

Le titre de cette œuvre ? Votre déclaration : « Un petit pas, au milieu des grandes limites, peut être plus agréable à Dieu que la vie apparemment correcte de ceux qui passent leurs jours sans affronter de grosses difficultés. »

François, je me fais romancier, metteur en scène, peintre. Peut-être pour me cacher. Je me sens capucin, je me sens berger. Je suis l'homme pardonné, je suis la brebis retrouvée. Sans la puissance de l'art, mes mails seraient trop longs. En elle, je trouve mon réconfort.

J'espère, François, que votre livre trouvera un réel écho dans le cœur des lecteurs, comme il a résonné en moi.

Pax tecum.

PS. Votre prochain livre ne pourrait-il pas s'intituler : « Le Nom de l'Église est Miséricorde » ?

Lundi 18 janvier 2016 – 6:31
Objet : Silence

Ave,

Ou plutôt : « Allô ? » Y a-t-il quelqu'un ?

D'accord, j'ai écrit dans un mail précédent que le silence ou l'absence de réponse ne me dérangeait pas. Que je comprenais. Bien sûr. Mais enfin, on n'est pas de bois. Et là, j'ai subitement l'impression de prêcher dans le vide. De parler à une pierre sur laquelle on ne construit aucune église. L'étape prochaine : la folie. Le soliloque du fou. Auriez-vous pour moi le projet que Dostoïveski nourrissait pour lui : me rendre fou ? Je n'ose le croire.

Francesco, *exaudi orationem meam*[16] : pour m'éviter de sombrer dans le délire radicalement postmoderne de l'homme qui parle à son écran, merci de prêter attention à la barre en haut de votre écran qui affiche : « Francis Aylies a demandé à recevoir une notification quand vous lisez ce message ». Cliquez sur « Envoyer l'accusé de réception ». Merci…

La prière… Des années que je m'exerce à ce labeur éprouvant. *Labor orationis, Labor cruxis*[17]. J'imagine le Christ dans le désert. Personne à qui parler, sauf le démon. Prier conduit à la croix, à cet autre silence, plus hideux encore, celui du Père devant son Fils qui crie et supplie. Quand je me suis engagé dans cette voie, je ne soupçonnais pas combien elle serait abrupte. Je ne suis pas le seul ; on trouve de nombreux textes où des auteurs, qui ont emprunté ce même chemin hasardeux de la prière, osent faire le récit de leurs nuits, de leurs fatigues, de leur égarement. La véritable prière est un sentier où on se perd, où on s'épuise, où l'on désespère. Parce qu'Il ne répond pas.

Mais vous n'êtes pas Lui. Pas même son représentant, malgré ce que l'on dit de vous, malgré l'image qui est associée à votre personne et à votre fonction. « Vicaire du Christ » ! Le terme doit vous faire sourire.

Un vicaire est l'adjoint d'un supérieur pour le remplacer dans certaines fonctions. Je ne pense pas que vous soyez du genre à croire que le Père ou le Fils puisse être remplacé pour quelque tâche que ce soit… Vous me répondrez peut-être qu'*a fortiori*, vous n'êtes pas Son secrétaire et que vous ne devez pas répondre à Sa place. Mais je n'écris pas à Dieu ; simplement à vous. D'homme à homme, de croyant à croyant, de prêtre à prêtre. Alors, vous pourriez répondre. Ne serait-ce qu'un petit geste.

Car si Dieu ne répond pas, n'ayant pas de bouche pour me parler distinctement, je crois qu'Il écoute d'une oreille attentive. Une des premières expressions bibliques de sa Miséricorde n'est-elle pas dans Sa confidence à Moïse : « J'ai vu la misère de mon peuple. J'ai prêté l'oreille à sa clameur » (Exode 3, 7) ? Vous, vous avez aussi des doigts et un clavier pour me répondre !

Je garde alors confiance. Le psaume 21 – dont nous connaissons bien l'introduction : « Mon Dieu, pourquoi m'as-tu abandonné ? » –, hurlé par le Christ sur la croix, qui décrit si bien l'ignominie de la raillerie et de l'insulte, se termine par « Tu m'as répondu ! ». Cri aussi puissant que le premier, qui promet à la prière persévérante l'espérance d'un signe.

Donc, je disais : pour nous, un petit geste. Genre : un clic sur « Envoyer l'accusé de réception ». Histoire que je sois sûr aussi que vous vivez. La télévision n'a rien annoncé, mais peut-on lui faire confiance ?

Allez-y. Clic. Réconfortez-moi.

Pax tecum.

Jeudi 21 janvier 2016 – 22:49
Objet : Le doute

Ave,

Doutez-vous, François ?

À vous voir, humble et doux, j'imagine que vous doutez parfois de vous. Mais ce doute touche-t-il votre foi ? Lors de tous vos déplacements, vous n'hésitez pas à visiter les bidonvilles victimes de l'injustice, les quartiers détruits par la violence d'un typhon, les banlieues non classées par les Monuments historiques. Si vous venez à Paris, je vous crois capable de venir devant les portes du Bataclan et des bars touchés par les attentats. Partout, il vous faut parler de Dieu alors que tout le monde pense intérieurement : « Si Dieu avait été là, si vraiment il existait... » Devant ces catastrophes sociales ou naturelles, doutez-vous ?

Un de mes amis médecins m'a avoué que, le jour de sa retraite où il a retiré la plaque sur sa porte, il a songé : « Finie l'imposture ». Un médecin doit soigner, avec toute l'assurance – et ses limites – que lui donne sa science. S'il doute, il doit arrêter. De la même manière, un prêtre doit croire. Et que dire d'un pape ! Dès que, sur le balcon, on prononce la formule rituelle « *Habemus Papam* », vous voilà transformé en symbole vivant de la Foi ! Imaginez l'effroi si, à peine nommé, vous aviez entamé le refrain de Sara Mandiano : « J'ai des doutes, caché derrière les fenêtres vénitiennes... » Attention ! N'allez pas trouver là une mauvaise inspiration ! Vous vous êtes engagé à éclairer notre foi, pas l'obscurcir.

Donc, François, de quoi doutez-vous ?

Pas de l'existence de Dieu, j'imagine. Mais cela acquis, tout est possible. Puisque Dieu est l'indicible par excellence, nous sommes en droit, et vous tout particulièrement, de remettre en question les mots qui l'enferment, les concepts qui prétendent le définir, les dogmes qui assurent identifier Sa Volonté. Nous sommes en droit de douter sur le chemin escarpé qui nous conduit à Dieu. Le doute est l'humus qui enrichit la terre appauvrie par la certitude.

François, vous avez le droit et aussi le devoir de semer le doute sur certaines formulations théologiques qui obscurcissent plutôt qu'elles ne dévoilent, sur ces assurances temporelles de l'Église qui scandalisent le monde, sur certains rites qui s'enracinent encore dans le paganisme plutôt que dans la terre des chemins de Palestine. « *On ne perd pas la foi,* écrit encore Bernanos, *elle cesse d'informer la vie, voilà tout.* » Et cela se passe quand elle se fige dans des formules. Alors, le doute est une mesure d'urgence, non pour remettre en cause la foi, mais pour la revivifier, la transfigurer.

Nous avons notre sainte du doute, qui a même été proclamée Docteur de l'Église parce qu'elle doutait, au point d'imaginer rejoindre l'athéisme contemporain. La petite Thérèse dans son couvent : « Il me semble que les ténèbres empruntant la voix des pécheurs me disent en se moquant de moi : "– Tu rêves la lumière, une patrie embaumée des plus suaves parfums, tu rêves la possession éternelle du Créateur de toutes ces merveilles, tu crois sortir un jour des brouillards qui t'environnent, avance, avance, réjouis-toi de la mort qui te donnera non ce que tu espères, mais une nuit plus profonde encore, la nuit du néant[18]." »

Elle qui avait chanté la mort comme un élan « dans l'éternel embrassement de Votre Miséricordieux Amour » est ainsi capable de se laisser envahir par les abîmes du doute.

Cette année, François, serez-vous capable de faire l'apologie du doute ? Je crois que seul celui qui se laisse toucher par lui peut oser la Miséricorde. L'homme pétri de certitudes peut « accorder » la Miséricorde du haut de sa splendeur mais ne peut « faire » Miséricorde. Dans l'Évangile, les disciples ne cessent de remettre leur foi en question : « Est-il vraiment celui qui doit venir ? Au nom de quelle autorité s'autorise-t-il de pardonner les péchés ? N'est-il pas Nazaréen ? » Je ne m'estime pas au-dessus d'eux. Le doute n'est pas la complaisance dans l'incertitude qui fait sombrer, il est une beauté intérieure qui permet de voir le monde à 360 degrés. C'est lui qui abat, méthodiquement dirait

Descartes, les murailles des citadelles qui se croient invincibles. Peut-être est-ce lui qui a œuvré lors du dernier Concile dont vous tenez à célébrer le cinquantième anniversaire en des termes de Miséricorde ? Car il est une attitude ascétique nécessaire sur le chemin abrupt de la recherche de Dieu, il est une participation au « *Nada* » de Jean de la Croix sur la montée du mont Carmel.

« Dans le doute, abstiens-toi ! » N'écoutez pas cet adage, François. Surtout, ne vous abstenez pas ; ça nous réconfortera.

Pax tecum.

Vendredi 22 janvier 2016 – 21:23
Objet : Un homme pressé

Ave,

Vous vous souvenez des deux recommandations de mon évêque, le jour de mon ordination ? La première : regarder mes mains tous les soirs. La seconde ? La seconde, je ne l'ai pas suivie aujourd'hui.

Une journée comme tant d'autres : la course, sans arrêt, passer d'une activité à l'autre, d'un rendez-vous à l'autre, d'une rencontre à l'autre. J'étais passé chez moi pour chercher un document oublié. Je pestais contre cet oubli qui m'obligeait à ce détour, à cette perte de temps. Je n'ai pas pensé que rien n'était hasard, que cette omission n'avait peut-être pas d'autre but que de me ramener chez moi à cette heure, où je n'aurais normalement pas dû y être, pour accueillir la personne qui est venue sonner à cet instant. Non. Au contraire, je ne l'ai pas laissée franchir le seuil, j'étais pressé, je lui ai fait comprendre sans trop de ménagement, et elle s'en est retournée.

La seconde recommandation de mon évêque était de ne jamais donner l'impression que l'on est pressé ou débordé. Ne jamais signifier à un visiteur impromptu que vous avez mieux à faire, plus urgent. Contrôler vos expressions de visages, le battement de votre pied, votre envie d'interrompre la conversation, de couper court…

Je ne pense pas que vous écoutez souvent le groupe Noir Désir, ni même que vous le connaissez, sinon pour l'horrible fait divers qui a conduit à sa dissolution. Mais chaque fois que je me surprends en flagrant délit à l'encontre de cette recommandation, je fredonne intérieurement une de leurs chansons : « Je suis un homme pressé, je suis un militant quotidien de l'inhumanité… »

Eh oui, je vous le confesse, je fais partie de ce vaste troupeau de moutons pour qui l'angoisse de la page blanche ne concerne que celle de leur agenda. Notre Père, donne-moi aujourd'hui mes rendez-vous de ce jour ! Aie pitié de ceux qui vont, oisifs et disponibles ! Aide-moi à leur ouvrir les yeux sur ce péché majeur, afin qu'ils les braquent sur leur smartphone et les ferment au monde qui les entoure ! Bien sûr, je sais, comme le curé de Bernanos, que Dieu n'a pas besoin de cet « *overbooking* », et qu'à ses yeux, cette course effrénée au prestige, à la dignité, au progrès « *n'est qu'un suaire de soie sur un cadavre pourri* ». Je sais… Je sais ! Et pourtant, je tourne, je cours, je galope et je noircis les pages de mon agenda. Pourquoi préférer le TGV au TER ? Pourquoi courir mille lièvres au lieu d'en savourer un à la sauce arlequin ? Dieu nous a créés ainsi, perpétuellement insatisfaits… À lui d'assumer !

Il est tard, François. Malgré tout, je vais aller me coucher heureux de ma journée, même si j'ai été maladroit envers certains. Je revois le visage de la personne que j'ai éconduite, et je prie pour qu'elle ait trouvé ailleurs un meilleur accueil, plus proche de celui d'Ananie recevant l'aveugle Paul de Tarse ou celui de Marie aux pieds de Jésus, tandis que s'agite sa sœur Marthe. Comme je ne suis pas adepte de l'autoflagellation, même si, de fait, j'aurais pu être plus accueillant, je ne laisserai pas grandir en moi une culpabilité corrosive. Je dois être miséricordieux envers moi-même comme Dieu l'est pour moi ! Lui qui n'aime pas l'homme courbé par le poids du fardeau de la désolation et le préfère debout, écoutera ma prière du soir qui reprend les paroles de Siméon [19] que j'aime tant, et dont je vous propose ici ma traduction toute personnelle :

> Ce soir, Seigneur, tu peux me laisser me coucher en paix, selon ta parole. Car mes yeux ont perçu ta présence dans la vie de celles et ceux que j'ai rencontrés. Tu es leur lumière et leur joie.
> Merci, Seigneur, pour ce jour.

Et pardon, François : ce soir, seule la prière me réconforte.

Pax tecum.

Dimanche 24 janvier 2016 – 23:58

Objet : Saint Paul hors les murs

Ave,

Je ne vous parle pas beaucoup de mon travail sur le *Journal d'un curé de campagne*. Depuis hier, je suis convaincu que vous connaissez cette œuvre, au point d'en avoir fait un plagiat. En effet, je suis tombé sur ce passage de Bernanos : « *Qu'êtes-vous pour juger la faute d'autrui ? Qui juge la faute ne fait qu'un avec elle, l'épouse. Et cette femme que vous haïssez, vous vous croyez bien loin d'elle, alors que votre haine et sa faute sont comme deux rejetons d'une même souche.* » J'ai de suite pensé à votre intervention dans l'avion qui vous ramenait, il y a quelques années, de Rio de Janeiro. Je vous cite : « Si une personne est gay et cherche le Seigneur avec bonne volonté, qui suis-je pour la juger ? » Un sacré « copier-coller » ! Je vous adore quand vous prenez l'avion ! Est-ce la proximité du ciel ? Ou bien, comme moi, la peur et l'angoisse de la mort qui nous poussent à la plus radicale des honnêtetés ? Non seulement vous vous inspirez, non seulement vous citez, mais vous améliorez : la suppression du mot « faute » est magnifique. Du coup, vous ne posez plus une question, comme le curé de Bernanos, mais deux : y a-t-il faute ? Et si oui, qui est fautif ? Et sur ce point, mieux vaut peut-être que le Créateur se mette aux abonnés absents quelques instants…

J'étais certain qu'une fois le mariage gay légalisé en France, je serais rapidement contacté pour une demande de célébration. Et de fait…

Je connaissais déjà une des deux femmes. Elle est une paroissienne « discrète », de celles qui sont plutôt au fond de l'église le dimanche matin, toujours un peu en retard et partant vite. J'ai réussi une fois à la saluer. Nous nous sommes fait la promesse de nous rencontrer un jour. Ce fut chez moi, un matin, autour d'un café. Moment exquis de simplicité. Je la croyais timide et je la découvre extraordinairement rayonnante. Elle me dit sa foi enracinée dans une tradition familiale un peu stricte et partage sans pudeur le passage évangélique qu'elle préfère.

Je crois pouvoir vous dire, François, qu'à l'écoute de sa profession de foi j'ai été comme le Christ devant le jeune homme riche : « L'ayant regardé, Jésus l'aima. » (Marc 10,21) Nous avons ri lorsqu'elle m'a annoncé qu'elle était « chasseuse de têtes » pour un énorme groupe bancaire et que je lui ai dit ma mission de « pêcheur d'homme ». Chasse ou pêche, même combat. J'en ai profité pour être un peu lourd et lui demander si elle accepterait de s'impliquer un peu dans la vie paroissiale.

« Non, c'est impossible ! » C'est alors qu'elle m'a confié son homosexualité, source de sa discrétion dominicale. Elle s'interdit tout afin de ne pas être à l'origine de divisions et de conflits. Derrière son visage m'apparaissait celui de cet homme qui, conduisant sa fille au catéchisme, m'a dit qu'il aimerait bien rejoindre l'équipe des catéchistes mais qu'il ne pouvait le faire au vu de cette même situation. Respect !

Avec cette jeune femme, nous avons cherché alors, au-delà du « Non », les endroits et les activités où sa foi pourra grandir dans sa dimension ecclésiale. Et nous avons trouvé. Vous ne savez pas le bonheur que j'ai éprouvé lorsqu'elle a poussé un jour la porte d'un groupe biblique. Depuis, elle prend quelques cours et obtiendra dans quelques années sa licence en exégèse biblique. Elle reste toujours discrète. C'est sa nature.

Plus tard, elle me dira qu'il lui a fallu du courage – elle s'y est reprise à trois fois – pour revenir un matin frapper à ma porte, m'annoncer son mariage et me demander de venir prier avec elles ce jour-là. « Ouf, c'est fait ! » a-t-elle dit avec un large sourire à la fin de son propos, dit d'une seule traite, sans respiration. Puis elle termine en me disant que la quasi-totalité de sa famille était à la Manif-pour-tous et qu'il fallait que je me débrouille avec ça.

Je suis allé dîner chez elles pour rencontrer son amie qui ne partage pas la même foi mais désire quand même intervenir pendant la célébration. Nous avons convenu que je passerais chez elles le jour de leur mariage pour un temps de prière après toutes les célébrations du samedi.

Ce fut un merveilleux moment, paisible grâce à la justesse des paroles et des expressions de chaque invité. Pour ma part, j'ai cité Matthieu 15, 21-28, cet épisode où une Cananéenne, païenne par excellence, vient supplier Jésus de guérir sa fille. Jésus lui répond qu'il n'est venu que pour les Juifs. Pas pour elle. Résolue, elle rétorque : « Les miettes qui chutent de la table suffisent aux chiens. » Jésus se retourne alors et dit : « Ta foi est grande, que tout se passe pour toi comme tu le veux ! » Et sa fille fut guérie.

Le Christ, je crois, a appris de cette femme. Elle lui a permis d'élargir son cadre d'action. D'une certaine manière, elle l'a converti : il était venu pour la maison d'Israël, et désormais son message s'ouvre à l'humanité entière. Le singulier est devenu universel.

Avec ce couple gay, j'ai partagé simplement l'esprit de ma présence. Quand je suis devenu prêtre, le mariage homosexuel était une fiction absolue ; le mariage, ce ne pouvait être, même dans la perspective laïque, que l'union d'un homme et d'une femme dans la perspective d'une descendance. C'était mon cadre, ça l'est encore ; il faut du temps pour le dépasser. La demande de ce couple m'y a contraint et aidé. Je n'ai rien fait d'autre que d'être là, de chercher la paix, j'ai prié avec elles. Et j'y ai renforcé ma conviction que la présence de l'Église ne peut se réduire aux sacrements.

Je vous ai dit que j'aimerais que l'on écoute *Ombra mai fu* pendant la célébration de mes obsèques. C'est à cause du passage de Luc [20] dans lequel un arbre est déraciné d'une terre pour aller dans un monde étranger, voire hostile, et, pourtant, y prend racine pour porter du fruit. C'est à son ombre que je veux être enterré parce que j'ai essayé, comme ce jour-là, de rejoindre d'autres mondes que le mien et je m'y suis senti bien.

Un cardinal, qui s'est beaucoup exprimé ces derniers temps dans les médias, condamnerait ma présence auprès de ces femmes, sous prétexte que ce faisant, je « préside à la destruction de notre société ». D'autres me montreront du doigt. Qu'il est difficile, François, de passer pour un facile ! D'autant que je ne pense pas l'être. Les jugements que portent sur moi certains confrères me meurtrissent, presque physiquement. Mais ils ne m'ôteront pas la certitude que je fais bien en faisant du bien.

Vous étiez aujourd'hui à Saint-Paul-hors-les-murs où, lorsque je vais en pèlerinage, j'aime lire l'incroyable passage de la Lettre aux Hébreux[21] qui m'invite à déposer *en dehors des murs de Rome* les situations qui me sont offertes d'accompagner *en dehors des clous,* au risque de subir de lourdes injures.

Dans son salon, ma mère a accroché une calligraphie du verset 1 de ce même chapitre : « Que l'amour fraternel demeure ; n'oubliez pas l'hospitalité car, en l'exerçant, certains ont logé des anges, sans le savoir. » Sans doute ce verset m'a-t-il considérablement influencé… Je ne veux pas prendre le risque de laisser un ange à la porte du presbytère en lui refusant un partage de prière. De plus, dans la tradition du shabbat juif, il faut toujours laisser une place à table pour le prophète Élie, lequel pourrait s'inviter sous les traits d'un mendiant. Comme la Cananéenne, ce couple a mendié à l'Église quelques miettes. En les partageant tout simplement, ai-je accueilli Élie ? Ce prophète au « zèle jaloux pour le Seigneur » (I Rois 19, 90) qui est passé de l'intolérance destructrice à la Miséricorde patiente, sûrement me comprend-il…

François, si vous me comprenez aussi, faites-moi enfin un signe qui me réconforterait.

Pax tecum.

Lundi 25 janvier 2016 – 21:34

Objet : Orage

Ave,

Votre silence me met dans la situation d'un marin naufragé, sourd aux sirènes écologistes et qui jette à la mer des dizaines de bouteilles pleines d'air et de propositions, toutes plus ou moins folles.

Point commun avec vous qui, aussi, jetez dans l'océan de l'humanité des discours, des homélies, des exhortations, espérant quelques oreilles attentives. Vous savez d'avance que seules les paroles retransmises par les médias seront connues du grand public. Votre idée de poser cette année cinq « gestes de Miséricorde » est médiatiquement bien trouvée. Votre conseil en communication est-il le même que celui qui a proposé à Madonna d'appeler sa fille Lourdes ?

Il est malaisé de parler de soi dans notre univers catholique qui nous enseigne la nécessité de l'humilité, de l'effacement, et nous met en garde contre les errements de l'égocentrisme et les reflets mensongers des miroirs ! L'anamorphose funèbre aux pieds des *Ambassadeurs* de Holbein nous rappelle que *sic transit gloria mundi* [22] et que tout est vanité. Mais je voudrais seulement vous parler un peu de moi et vous dire que le grand bouleversement qui me cueille à la sortie de mon adolescence, c'est la découverte de la pauvreté.

Cette rencontre avec elle est devenue un pivot, l'axe de mon existence. Un peu comme l'aiguille du baromètre qui mesure une pression bien particulière ; celle de mes engagements et de mes liens. Bien sûr, je connais désormais par cœur les subtils distinguos qui déclinent les nuances du camaïeu de la pauvreté. Il n'y a pas que l'indigence matérielle ; mais c'est à celle-ci, et à elle seule, que je dois d'avoir connu cette première et décisive illumination.

La pauvreté est un lieu. Celui de l'impuissance. La mienne en particulier. Un lieu dont il est si difficile de sortir une fois qu'on y est entré. Un lieu où l'on ne va presque jamais volontairement, sauf si l'on s'appelle saint François.

La pauvreté est injuste. Elle frappe au hasard des innocents, elle foule au pied les souvenirs d'une existence joyeuse, d'un bonheur profané. Elle enlaidit, elle vieillit.

Ce jour-là, elle s'est imposée à moi, nue et désarmée, devant moi, à portée de main. Laquelle a su bien se tenir et résister à la tartufferie d'un geste de commisération.

Je ne suis pas saint François, ce fou qui choisit d'épouser « dame pauvreté », pas même franciscain. Qu'un Francis pour qui la pauvreté est une souffrance qu'il faut éradiquer. Je ne l'ai pas choisie, mais elle a décidé de se loger dans mes pensées. Elle est mon SDF, mon « Sentiment De Faiblesse », toujours proche et lointain à la fois, comme un lutin qui susurre dans mon oreille, à l'instar de l'esclave dans celle de César : « N'oublie pas que tu es chanceux ! »

Je ne suis pas pauvre. Je suis logé. L'Église me verse un salaire, salaire assuré jusqu'à la fin de mes jours. J'échappe aussi à la pauvreté morale et sociale : j'ai des activités en nombre plus que suffisant, je ne m'ennuie jamais et je n'ai que l'embarras du choix pour me distraire de l'angoisse qui pourrait me saisir. Pas pauvre : je maîtrise mon avenir. Pas pauvre : je suis en bonne santé. Pas pauvre. Mais autour de moi…

Je ne crois pas que les voûtes des salons pontificaux aient déjà entendu des paroles aussi fortes que les vôtres… « Les pauvres ne sont pas des êtres résignés, ils savent protester, et se révolter… J'espère que le vent de cette protestation deviendra un orage d'espérance. » Paroles fortes et choquantes puisqu'elles semblent contredire l'Évangile : « Les pauvres, vous les aurez toujours avec vous ; mais moi, dit le Christ, vous ne m'aurez pas toujours. » (Jean 12, 8)

Au début de ma vie d'adulte, j'aurais pu me lancer dans le social, dans la médecine, dans la politique ou l'associatif. J'ai pourtant compris – ou je m'en suis convaincu, par quelque pari fou comme on peut en prendre à cet âge – que seule la voie chrétienne me permettrait d'atteindre la profondeur de la pauvreté, de plonger dans ce lieu terrible, en devenant moi-même mendiant de Dieu.

Avec le recul des années, je pense qu'à cette époque, j'aurais pu être séduit par le courage d'Oscar Roméro qui venait de mourir en martyr

– merci d'ailleurs de l'avoir béatifié en mai dernier –, m'enthousiasmer devant « l'option (non optionnelle) préférentielle des pauvres » de Gutiérrez ou le « Jésus réel » de Sobrino dans son lien aux pauvres et aux opprimés. Mais c'était le temps des condamnations de ces théologies trop humaines. Je n'étais pas curieux, elles ne sont pas venues à ma connaissance et personne ne me les a présentées.

Séduit peut-être mais sûrement pas courageux. Fallait-il à l'époque, par Miséricorde, que je laisse ma vie confortable pour rejoindre celle des plus pauvres ? Certains ont fait ce choix à la fois beau et pathétique : pourquoi vouloir ce que tout le monde fuit ? « Si un membre souffre, tous les membres partagent sa souffrance » disait Paul (I Corinthiens 12, 26). Mais comment comprendre ce « partage » ? Une seule entraide fraternelle, une substitution, un appel à la kénose, cette descente volontaire à la suite du Christ qui, pour nous, s'est fait pauvre ?

Bien sûr les paroles de l'abbé Huvelin qui ont déterminé la vie de Charles de Foucault ont résonné en moi : « Jésus a tellement pris la dernière place que jamais personne n'a pu la lui ravir. » C'est fou comme je peux être romantique parfois ! En vérité, en vérité, je vous le dis François, cette spiritualité de la descente me fait peur, moi qui rêve d'une Aston Martin…

Merci, François, de rappeler comme vous le faites si bien que la *sequela Christi* [23] doit nous conduire à une « responsabilité de plus [24] » devant la misère du monde, nous qui avons tendance à vivre dans une « suprême irresponsabilité », laissant au seul Christ, unique Sauveur, le soin d'offrir la béatitude du Royaume des cieux à tous les pauvres de la terre.

Dans votre Bulle [25], vous nommez ceux qui sont éloignés de la grâce divine et doivent changer de vie : les membres d'organisations criminelles, les complices de corruption qui « anéantissent les projets des faibles et chassent les plus pauvres. » Oui, en amont de la Miséricorde, il y a simplement la Justice pour laquelle il faut se battre. Le Christ en a aussi fait une béatitude pour ceux qui en ont faim et soif. Merci.

Parfois, je me dis que c'est par calcul politico-religieux que vous dénoncez la pauvreté, pour décentrer les débats sur le « péché » qui jusqu'alors tournaient exclusivement autour de la morale matrimoniale et sexuelle. Vous êtes malin… Ce serait déjà bien ; mais je crois que vous avez profondément horreur de l'injustice. Alors, *I have a dream.* Trois jours avant la clôture de l'année de la Miséricorde, le 16 novembre, vous n'êtes pas au rendez-vous imposé par votre agenda, tout le monde s'inquiète. Mais vous avertissez la presse de venir vous rejoindre en sous-sol, dans la catacombe Sainte-Domitille, où vous célébrez, avec trente-huit personnes aux multiples visages, l'anniversaire du « Pacte des Catacombes » de 1965 [26]. Ce serait un signe INCROYABLE ! Peut-être y avez-vous pensé ? Je sais que ce n'est qu'un rêve, non parce que je vous crois incapable de le réaliser – vous nous avez déjà étonnés – mais parce qu'en réalité, je me sens personnellement incapable de signer un tel engagement. Je suis trop encroûté dans mes habitudes mondaines. Peut-être un tel geste de votre part serait-il un nouvel appel à une vie évangélique plus radicale. Pas sûr, mais j'en rêve comme un enfant exigeant de ses parents la perfection et tolérant pour lui-même sa propre médiocrité. En résumé, faites-le mais ne m'appelez pas à vous imiter !

Il est tard. Les lumières doivent s'allumer dans Rome, comme elles le font dans ma rue. Sur les trottoirs, dans les recoins, des hommes et des femmes, parfois des enfants, vont chercher un minimum de chaleur, de sécurité. Quel sens ont encore les mots quand ils ne trouvent que le froid et la précarité ? Le Royaume des cieux est à eux, bienheureux soient-ils ! Mais ils auront vécu l'enfer ici-bas, et une nuit dans la rue est une éternité de souffrances et de peurs que rien ne rédime. J'espère que là-haut, selon l'expression de Vincent de Paul, ils pardonneront le pain que je leur ai donné, souvent par amour, parfois par pitié. Qu'ils soient miséricordieux à mon égard lors du grand rassemblement final.

Je vais vous laisser, cher Monsieur Météo. Les pauvres, les mendiants, quêteurs, indigents, chétifs, courbés espèrent un orage de réconfort…

Pax tecum.

Mardi 9 février 2016 – 0:37

Objet : Lachaïm

Ave,

Deux semaines sans vous écrire, je me sens si seul… Vous êtes l'inconnu qui me manque ; je commence à m'habituer à votre présence virtuelle, toute tissée d'absence.

« Il leur fut donné pouvoir sur un quart de la terre pour tuer par le glaive, par la famine et par la peste, et par les fauves de la terre. » (Apocalypse 6, 8) Pourquoi ces jeunes terroristes se prennent-ils pour les cavaliers de l'Apocalypse ? Comment les gardiens du Livre se permettent-ils de l'interpréter et de transformer le glaive en une Kalachnikov sans envisager le blasphème ?

Nous avons pensé à tous ces jeunes tués le soir du 13 novembre dernier. « *Lumen requirunt lumine* » chante l'hymne de l'Épiphanie à propos des mages : en suivant *une* lumière, ils cherchaient *la* lumière. J'y pense souvent lorsque le soir tombe et que la ville se pare d'une nouvelle luminosité. C'est notre conviction à Ophel où nous nous sommes rendus ce soir, non pas pour parler mais pour prier. La lumière tamisée des bars du 11e arrondissement qui invite à la célébration de l'amitié, du partage, des liens, des confidences, des « je t'aime », cette clarté est un avant-goût de la Lumière qui ne nous sera dévoilée que lorsque nos yeux se fermeront. Mais avant cela, il faut vivre : Lachaïm [27] ! La lumière d'une salle de concert où l'on vient se détendre, écouter, danser, chanter ou crier, cette lumière douce, psychédélique, agressive, colorée avec ou sans fumigènes, est l'avant-première du grand concert angélique. Je vous conseille d'aller visionner quelques videos du groupe de ce soir-là au Bataclan. Un monument de Vie : Lachaïm !

Hérésie pour les fous dont les yeux sont aveuglés par la puissance d'une unique lumière et dont les pas se réduisent à un piétinement sur un médiocre chemin. Aucune autre route, aucune autre étoile, aucune autre lanterne que les leurs. Pourtant ces pseudo-cavaliers ont un jour aimé aller à un concert, boire un verre, se retrouver entre amis, chercher tout simplement à être heureux.

Comment ont-ils pu perdre à ce point le goût de la vie pour tuer, leur soif d'avenir pour se faire exploser ? J'espère qu'on en discernera la cause pour trouver un remède. Le mien vient du Judaïsme : Lachaïm ! Un toast à la Vie pour laver leurs bouches de cet avant-goût d'enfer.

François, vous savez que le recrutement de certains jeunes est facile et toujours le même : jouer sur la dénonciation d'un monde perverti, au bord de la ruine, pour exiger une adhésion totale à une règle, à une théologie carcérale. Le slogan est efficace, sans doute, à en juger par les extrémismes qui fleurissent dans toutes les religions. Mais justement, qu'il soit à ce point répandu devrait nous ouvrir les yeux sur son inanité. Et les évêques devraient être dans un discernement très prudent devant certains groupes et certaines prédications. Car, mystère insondable, notre Église, malgré la parole de Jean – « Dieu a tellement aimé le monde, qu'il lui a donné son Fils unique » (Jean 3, 16) – , peut demeurer inerte, voire complice, face à ces pratiques aussi peu évangéliques. Honte aux prédicateurs qui diabolisent la vie afin de justifier leur incapacité au bonheur. Honte aux sermonneurs qui dénoncent le monde, jaloux de ne pas y avoir trouvé de place.

Heureusement, la vie est plus forte que tout, Lachaïm ! Aucune chaîne ne résiste à sa force. Mais il faut l'aider ! « Si vous aviez compris ce que signifie : "Je veux la Miséricorde, non le sacrifice, vous n'auriez pas condamné"… » (Matthieu 12, 7) disait Jésus, invitant à la vie. Lachaïm !

Lumen requirunt lumine. Je ne sais pas si tous les chemins mènent à Rome, François, mais je crois que toutes les lumières révèlent La lumière. Peut-être même celle qui, cette nuit, éclaire l'écran de votre ordinateur… et du mien. Et ça me réconforte.

Pax tecum.

Mercredi 10 février 2016 – 23:53

Objet : Mercredi des Cendres

Ave,

Je ne résiste pas, ce soir. Même s'il est tard. Le choix de la vie sacerdotale peut être la source d'un bonheur intense, que mon livre de chevet définit comme « la forme charnelle de l'espérance ». Cette espérance, j'aimerais tant en être le témoin et aider d'autres à prendre cette voie, même si elle est tant dépréciée par nos contemporains, qui nous montrent du doigt…

Elle repose sur le Christ qui nous libère des observances au profit d'une seule obligation : aimer.

Votre intuition d'envoyer aujourd'hui dans les diocèses du monde entier des Missionnaires de la Miséricorde est une belle idée mais elle est entachée par les « pouvoirs » de pénitence que vous leur avez accordés. La Miséricorde de l'Église se résumerait-elle donc dans le pardon des péchés ? Le cadre ecclésial dans lequel je vis me permet de comprendre plus ou moins cette démarche, mais j'ai peur que mes proches perçoivent ces missionnaires comme des nouveaux inquisiteurs venant nommer le péché et proclamer le salut par sa dénonciation.

C'est dommage… Cette année devrait être au contraire douce, enveloppée de tendresse, de compréhension, d'accueil sans retenue de l'autre. Jésus n'a pas été un obsédé du confessionnal mais il a confessé l'absolu respect de chaque homme et de chaque femme, ne les enfermant jamais dans leurs incapacités individuelles ou leurs limites tout simplement humaines. Il a préféré manifester la bonté indestructible du Père que dénoncer les situations de péché. Pourquoi alors mettre celui-ci au centre de l'annonce ? Je vous propose alors de faire de ces missionnaires, selon la belle expression de Lévinas, des « otages d'autrui », mangeant à la suite du Christ avec les présumés pécheurs et, comme lui, dénonçant les dénonciateurs.

Ils n'auraient comme règle que le verset du prophète Osée 11, 8 qui fonde, me semble-t-il, notre Jubilé. Parce qu'Il est « Dieu et pas homme », son comportement devant le mal, le péché, l'infidélité ne se calque pas sur nos réactions humaines spontanées : punition, condamnation, anathème. La phrase est difficile à traduire : « Mon cœur se soulève en mon sein, s'agite au fond de moi, se retourne contre moi, a changé en moi, est tout bouleversé »… Il est clair que ce verset exprime un revirement radical dans la pensée de l'auteur du texte, qui nous fait passer d'une divinité qui condamne à un Dieu dont le cœur se détourne de l'idée de vengeance au profit d'une alliance. Il rejoint en cela celui du livre de la Genèse lorsqu'il fait dire à Dieu, devant toutes les morts causées par sa colère : « Le cœur de l'homme est enclin au mal dès sa jeunesse, mais jamais plus je ne frapperai tous les hommes comme je l'ai fait » (Genèse 8, 21).

Dieu se repent de s'être emporté ! « Trop beau notre Dieu ! » disaient les jeunes de l'aumônerie en étudiant ces récits bibliques après la célébration des cendres. Je leur ai répondu : « Trop cool d'être son prêtre ! » Et vous son pape…

J'espère que vos missionnaires de la Miséricorde seront les témoins de cette extraordinaire annonce. On aurait compris du Christ qu'il voue à l'enfer ses bourreaux ; le fait qu'il leur offre son pardon nous désoriente. J'aimerais que vos missionnaires nous surprennent au risque de nous déstabiliser… au nom de l'Évangile.

Ce début de carême, François, signe l'aube d'un mois d'éveil de la conscience, en compagnie du Christ dans le désert de tous les combats, et nous invite à une certaine solitude. Mais n'ayez pas peur, vous recevrez quelques mails ; je ne rentre pas dans le silence total.

Bon désert, François. Que vos missionnaires nous réconfortent.

Pax tecum.

Jeudi 11 février 2016 – 5:21

Objet : Dur dur, le néant

Ave,

Pour le curé de Bernanos, « *les moines souffrent pour les âmes. Nous, nous souffrons par elles. Cette pensée qui m'est venue hier soir a veillé près de moi toute la nuit, comme un ange* ». Le même ange – ou est-ce un démon ? – m'a tenu compagnie cette nuit. Et il m'a davantage tenu éveillé qu'il ne m'a apaisé…

Vous le voyez, il est 5 heures du matin. À cette saison, l'obscurité règne en maître.

Hier soir, à 18 heures 30, j'ai attendu les parents d'enfants entre 4 et 7 ans pour une rencontre d'éveil à la foi autour du Carême. J'avais envoyé une cinquantaine de lettres, adressé des invitations à deux écoles catholiques, contacté plus directement par mail les parents de la paroisse concernés par cette tranche d'âge. Je n'ai pas les moyens de placer des annonces publicitaires, et je ne pense pas que je l'aurais fait, je n'ai rien à vendre…

J'ai attendu, attendu… Il, elle n'est jamais venu(e). Vous connaissez cette chanson stupide de Joe Dassin ? En tout cas, je me suis senti très bête et très démuni. Et je n'ai pas osé comme dans la parabole, aller inviter les passants dans la rue…

Que faire ? Me décourager ? Jamais ! Me culpabiliser ? Pourquoi ? Disons que l'heure ou la date n'étaient pas bien choisies. Toujours est-il que me voilà avec deux nuits presque blanches d'affilée, parce que j'avais encore moins dormi la veille de la rencontre : y aura-t-il du monde ? S'il y a trop d'enfants, qui assurera l'animation avec moi ? Ne dois-je pas passer de nouveaux coups de fil ? Et cet enquiquineur de Bernanos qui soufflait à mon oreille : « *Le doute de soi n'est pas l'humilité, je crois même qu'il est parfois la forme la plus exaltée, presque délirante de l'orgueil, une sorte de férocité jalouse qui se fait se retourner un malheureux contre lui-même, pour se dévorer. Le secret de l'enfer doit être là.* »

Des nuits blanches, ça va bien avec la neige que la météo nous annonce, non ?

Je me suis rongé les sangs pendant deux heures. Toutes les cinq minutes, j'allais à la porte, vérifier qu'elle était bien ouverte, que personne ne restait bloqué dehors. Je jetais un coup d'œil sur la rue. Les passants ne ralentissaient pas.

J'y avais cru, je pensais que des familles viendraient. Je n'ai pas eu la force de la colère ni celle de la Miséricorde. Cette attente a seulement engendré de la mélancolie. Je ne suis pas Cioran, je ne m'adonne pas « au plaisir d'être déçu ». Par chance, à 20 heures 30, un groupe de réflexion a surgi. Il m'a évité de chercher le réconfort auprès de mon ami Whisky, puisque mon ami François ne me répond pas. Mais ne m'en voulez pas si je ne me souviens pas très bien sur quoi a porté notre réflexion…

Pax tecum.

Samedi 13 février – 7:21
Cuba

Ave,

Je me suis levé tôt ce matin. J'avais hâte d'ouvrir l'ordinateur, non dans l'espoir d'un mail de votre part, mais pour trouver dans un moteur de recherche des nouvelles de votre entrevue avec le Patriarche Cyrille. Et ce que j'ai lu m'a plus excité qu'un café matinal, aussi *ristretto* soit-il.

Il y a dans ma ville un pont qui enjambe un gigantesque centre de triage ferroviaire. Chaque fois que je le traverse, je me dis qu'il est la métaphore de mon cerveau : une gare de triage. Par tempérament, je pense faire un honnête chef de gare. Les souvenirs médiocres sont entassés dans un coin, tout au fond, et les meilleurs sont toujours disponibles. Et tant pis si un inspecteur-psy me suggère avec force d'actionner des aiguillages pour faire ressortir quelques vieux wagons rouillés. Je désobéirai. Pas besoin, je vais bien.

De mon enfance, je conserve précieusement des souvenirs magnifiques. Vous aussi, j'ai cru comprendre. Peut-être parce que votre père était cheminot ? Pour ma part, j'ai grandi dans un amour toujours préservé, sans blessure. Je ne suis pas comme ces enfants de Bernanos: « *Quand leur bouche a pu l'articuler pour la première fois, le mot amour était déjà un mot ridicule.* » Au contraire, on m'a fait aimer l'amour.

Je réalise aujourd'hui, grâce à vous, combien la Miséricorde dépend de notre capacité à trier. Comme dans ma gare personnelle, avec le Patriarche de Moscou, vous avez fait le choix de vous rappeler les jours heureux, ceux qui fondent au delà des divisions : « Nous nous sommes parlés comme des frères, nous avons le même baptême, nous sommes évêques. » Vous avez voulu, malgré la conscience que de nombreux obstacles restent à surmonter, vous redire que domine entre vous « une commune Tradition spirituelle ».

François, notre génération est habituée au tri sélectif pour les déchets. Pourquoi ne pas faire de même pour les souvenirs ? Ne garder que le meilleur, éloigner le médiocre. Comme une mère garde à jamais le souvenir de l'enfant qu'elle a nourri de son sein et ne peut l'oublier malgré ses errements possibles[28]. Par Miséricorde...

« Tout le reste est silence », disait Shakespeare. L'amour n'est pas conceptuel. Il est simple, comme lorsqu'on dit de quelqu'un qu'il « aime les gens ». C'est la voie de la sagesse. Pas celle qui assombrit ou qui aigrit ; celle qui réjouit et nous sourit. Celle qui chante dans le livre des Proverbes (8,30) :

« Quand Yhwh dessina les fondements de la terre
j'étais auprès de lui
l'artiste
je l'amusais jour après jour
jouant sous ses yeux sans cesse
jouant sur le terrain de son monde
et je m'amuse avec les gens. »

François, votre rencontre avec Cyrille a été d'une simplicité désarmante. Elle nous réconforte.

Je compte sur vous, tout au long de votre visite au Mexique, continuez à nous amuser !

Pax tecum.

Dimanche 14 février 2016 – 19:13

Objet : Bonheur

Ave,

Je rentre à l'instant de la célébration diocésaine de l'Appel décisif des catéchumènes. Parmi les cinq adultes de notre paroisse qui seront baptisés à Pâques, il y a Louis qui est venu, voici plus d'un an, m'offrir la grâce de son désir d'entrer dans la communauté chrétienne. Il a la quarantaine.

Je me rappelle son récit. Il avait une puissance extraordinaire. Pas de conversion manichéenne du genre : « Alors que je vivais dans l'erreur, j'ai découvert la vraie vie », mais simplement un quelque chose d'indéfinissable qui a pris plus ou moins naissance le jour où il est devenu père.

Comme à chaque fois qu'une personne se présente pour commencer un chemin d'initiation chrétienne ou renouveler son lien à l'Évangile, j'ai senti en moi l'exigence d'une dépossession. Je ne suis pas propriétaire de sa relation à Dieu, forcément différente de la mienne. Je respecte la *hesed* de Dieu, sa Miséricorde manifestée comme une profonde attitude de « bonté », une « fidélité » indestructible, une patience absolue dans l'accompagnement de l'histoire des hommes, laissant le temps au temps. J'ai désiré que la *hesed* soit aussi au cœur de la qualité de notre relation. Comme l'écrivait Jean-Paul II, « lorsque ce terme indique les rapports entre deux hommes, ceux-ci sont non seulement bienveillants l'un envers l'autre, mais en même temps réciproquement fidèles en raison d'un engagement intérieur, et donc aussi *en vertu d'une fidélité à l'égard d'eux-mêmes*[29] ». La *hesed* divine et humaine aurait-elle quelque chose à voir avec le concept de Sympathie de Scheler, son philosophe préféré ?

Pour Louis, ce fut la découverte de la paternité qui le conduisit à l'évidence d'une Présence. Pour d'autres, un nouvel amour, un lien fraternel, un nouveau regard sur sa vie. Pour d'autres encore, un geste de réconciliation, le dénouement heureux d'une histoire complexe ou au contraire la plongée dans une détresse imprévue. Pour d'autres enfin, l'intuition d'un regard aimant sur leurs vies complexes et agitées de la part d'un Dieu qui accorde son pardon.

Vous connaissez, François, l'expression du visage de ces nouveau-nés parfois âgés qui disent, en balbutiant, leur désir d'intégrer désormais dans leur vie renouvelée un tiers auquel ils ne songeaient pas jusque-là, faisant place à Celui qui paraissait auparavant absent : Dieu.

Louis, donc, pendant cette année, a parlé de son cheminement et de sa foi. Avec les chrétiens qui l'ont accompagné, nous avons souvent éprouvé la tentation de l'entraîner dans notre foi, nos mots, notre vocabulaire. Il a attendu parfois de nous une parole neuve. Nous avons seulement voulu lui donner faim, faire de lui un gourmand d'Évangile. Mais jamais, soyez-en sûr, il n'y a eu un maître et un disciple, un enseignant et un enseigné. Nous avons été tout cela en même temps, et tous, nous avons cherché. Nous avons écouté les résonances entre sa vie et l'Écriture, entre son expérience et le dévoilement de la Parole. Écriture et Parole qui sont déjà inscrites au plus profond de l'ADN humain, j'en suis convaincu. La Bonne Nouvelle, avant d'être entendue, comme le dit mon ami Bernanos, est « *d'avance au plus profond des consciences* », si bien que l'homme s'y reconnaît tout de suite en elle.

Je pense ce soir à tous ces catéchumènes que nous avons accompagnés. Louis m'a donné une photo, me demandant de lire plus tard ce qu'il a écrit au verso. Je viens de le faire. C'est un passage de la Lettre à Tite : « Dieu m'a sauvé, non pas à cause de la justice de mes propres actes, mais par sa Miséricorde. Par le bain du baptême, il va me faire renaître et me renouveler dans l'Esprit Saint. » (Tite 3, 5) Il ne m'en faut pas plus pour me faire verser des larmes de joie. Il se sent aimé de Dieu et aime le monde. Le baptême ne sera pas qu'un rite, il sera un programme de vie.

François, vous étiez aujourd'hui avec des milliers de fidèles à Mexico. Peut-être, au milieu de cette foule, Louis vous rappellera-t-il que chacun est unique, même s'il n'est pas « fils unique », comme vous le disiez dans votre homélie.

François, demain, merci de réconforter les chrétiens du Chiapas. Ils en ont plus besoin que moi.

Pax tecum.

Lundi 15 février 2016 – 23:15

Objet : Reliques

Ave,

« *Il me semble que j'aurais mieux à faire que d'écrire ces lignes. Et cependant, j'ai plus que jamais besoin de ce journal. Le peu de temps que j'y consacre est le seul où je me sente quelque volonté de voir clair en moi.* » Bernanos, bien sûr. Mais je signe ; les mails que je vous écris ont un effet semblable. Ils m'aident à voir clair en moi.

Je vous rassure, pas de grandes confidences ce soir. Une journée somme toute superficielle, de celles qui ne laissent pas grande trace derrière elle, ni dans la conscience universelle ni même dans la mienne. Sauf peut-être le déjeuner que j'ai partagé avec un ami dans un beau restaurant du centre, un de ces lieux un peu guindés, désuets, où il convient de se surveiller un peu, même si c'est vous le client. Je vous ai déjà parlé de cet ami ; celui qui voulait que je vous interpelle au sujet des indulgences.

Soyez-le avec moi, François ! J'ai succombé avec délice au péché véniel de gourmandise. Disons plutôt, pour éloigner les foudres de l'enfer, au péché de gastronomie. Un remarquable poulet landais. Pur bio, bien nourri, chair ferme, généreuse, qui colle aux os, peau parfaitement grillée, le tout avec ce goût du terroir… Je vous imagine fermant les yeux pour capter les parfums ! Vous salivez un peu, avouez-le… Et si vous nous aviez vus, tous les deux, abandonnant les couverts pour attaquer les os où le meilleur restait accroché ! Après tout, la fourchette n'existe pas depuis si longtemps et le Christ mangeait sûrement avec ses doigts.

Nous nous sommes affrontés pour l'os des vœux, la furcula… Vous savez, ce petit os double grâce auquel les savants ont pu démontrer que les gentils oiseaux descendent des énormes dinosaures… Chaque convive tire sur sa branche et celui qui emporte la partie centrale peut faire un vœu. Un bout d'os porte-bonheur, on connaît ça, dans l'Église, pas vrai ? D'ailleurs, mon ami y a pensé lui aussi. C'est lui qui a gagné et il m'a exposé son vœu : « Si tu écris toujours au pape, parle-lui des reliques ! » Avec son bout d'os entre les doigts et son beau sourire, il était le plus beau reliquaire que j'ai jamais contemplé !

Vous comprendrez que je ne pouvais pas ne pas vous transmettre cette requête… Elle a peut-être à voir avec le début de la semaine de prière pour l'unité des chrétiens ? Bref, si la relique est tout ce qui reste d'un saint, prenez ce mail comme la relique d'une sainte journée où un poulet a suffi à mon réconfort. Ce n'est ni glorieux ni angélique.

Pax tecum.

Mardi 16 février 2016 – 23:21

Objet : Liturgie

Ave,

« *Je crois, je suis sûr que beaucoup d'hommes n'engagent jamais leur être, leur sincérité profonde. Ils vivent à la surface d'eux-mêmes, et le sol est si riche que cette couche superficielle suffit pour une maigre moisson, qui donne l'illusion d'une véritable destinée.* » Pessimiste, notre Bernanos sur l'humanité, vous ne trouvez pas ? La terre serait-elle peuplée de techniciens de surface ? Je crois au rôle de l'éducation et de la formation pour offrir à tous des pelles pour creuser ou des masques pour plonger en profondeur. Je me souviens du jour où j'ai relu un cours d'exégèse que j'avais détesté des années auparavant à cause de sa complexité, et de l'intuition qui m'a soudain traversé ; comme si j'avais été touché par le Christ. Je suis prétentieux, j'avoue… Pourtant, c'est ce que je ressens. Touché à vif. À vie. Dans le livre de la Genèse, lorsque les yeux d'Adam et Ève se sont ouverts, ils se sont découverts nus. Croyez-moi, François : ce jour-là, j'ai ouvert les yeux sur toutes les interprétations convenues et superficielles qui m'avaient jusqu'alors séduit et me suffisaient, et j'ai moi aussi découvert ma nudité. J'ai cherché de nouveaux vêtements et j'ai laissé l'Évangile les tisser pour moi.

C'est fou comme l'habit fait le moine, c'est incroyable comme ce nouveau vêtement m'a transformé. Incapable de revenir en arrière et poussé par l'impérieux désir de me plonger dans ces Textes pour mieux les comprendre, mieux en goûter la saveur. Désormais, plus je lis, plus je médite, plus j'étudie, et plus je me permets des interprétations personnelles. Comme un chef interprète des recettes pour les magnifier.

Interpréter les Écritures mais aussi les textes conciliaires ! C'est ce que nous nous sommes permis de faire à Ophel en travaillant l'article 48 de la Constitution sur la Liturgie[30] qui, me semble-t-il, a bouleversé définitivement l'histoire de l'Église, l'obligeant à une conversion institutionnelle.

Ce sont trois architectes, deux hommes et une femme, qui ont animé la soirée « Ophelique » (on amplifie de plus en plus le vocabulaire…) parce que ce paragraphe semble être « architectural ». Il déplace les fondations qui structuraient jadis notre Église et remplace les angles saillants par des courbes gracieuses et humaines.

Je pense que les interventions des plus anciens ont étonné les plus jeunes qui ne connaissent que la liturgie conciliaire. Ils ont découvert le côté futuriste et révolutionnaire de ce décret.

Un jeune de résumer ainsi : « Si je comprends bien, c'est la proposition d'une mutation ecclésiale du "Je" au "Nous". C'en est fini du prêtre unique célébrant ; à ses côtés, unis à lui, les fidèles participent à l'œuvre d'offrande. » Et son voisin, un vieux prêtre aux rides souriantes, de continuer : « Nous, prêtres, avons dû ranger au placard le tiré-à-part un peu trop luxueux que nous collectionnions jalousement, fiers d'y lire "Je suis l'Église" pour arborer joyeusement le "pin's" populaire, porté par des millions de chrétiens et clamant haut et franc : "Nous sommes l'Église". »

J'ai pris aussi la parole pour témoigner combien la découverte de ce texte avait entraîné en moi une révolution fondamentale. À partir de là, je n'ai plus considéré le sacerdoce comme une vocation qui me mettait à l'écart, mais comme une manière de vivre au milieu d'une multitude de frères et de sœurs partageant la même quête évangélique. Le métro fait vibrer les quartiers sous lesquels il passe ; dire « amen » à ce retournement rituel et le chanter à tue-tête m'a fait tressaillir et a inscrit des lézardes qui, dans la chair, se nomment cicatrices – comment faut-il les appeler quand elles s'écrivent dans nos âmes ?

François, vous savez que ce n'est pas le latin qui nous éloigne des intégristes et autres traditionalistes. Ce qui est en jeu, dans cette réforme liturgique, ce n'est rien moins que la théologie. Pour ce qui est du latin, mes seules divergences sont avec Brassens ; sans lui, la messe ne m'emmerde pas ! Et c'est d'ailleurs plutôt amusant et surprenant de voir ce libertaire chanter – mais avec quelle ironie – avec les plus réacs des curés !

Nos architectes ont repris la parole : « Romane, gothique, baroque, renaissance ; chaque église affirme la théologie de son siècle. Notre époque pourrait aussi être inventive – et elle peut l'être, comme à Barcelone, avec cette folie de Gaudi qu'est la Sagrada Familia. Nous vous proposons d'imaginer l'architecture d'une église contemporaine, fidèle à ce décret du concile. »

Voici, François, le résultat. L'église postconciliaire n'est pas un rectangle où l'autel se cache dans un fond, séparé, sacralisé, investi par les seuls prêtres. Elle est carrée avec l'autel au milieu pour manifester l'unité du Corps. Pas majestueuse, non, pas de vocalise de pierre pour glorifier la grandeur divine ; toute simple, à l'image de la pauvreté du Christ. Pas d'élévation orgueilleuse vers les nuages et le soleil ; toute en profondeur, dans l'axe de l'abaissement du Christ. Belle, enfin, aussi belle que l'assemblée qui s'y retrouve.

Le présent fonde le futur. Pour nous aussi, François, l'Église de demain est en gestation. Si elle vit souvent au cœur de murs anciens, elle les habite tout autrement. Les murs peuvent bouger, comme les meubles. Avez-vous réfléchi, François, au signe architectural qui transformerait l'horrible gare sans train qu'est Saint-Pierre et lui donnerait liturgiquement le label « Vatican II » ? Dussions-nous pour cela rendre le bronze du baldaquin aux portes de la curie…

Une personne a dit combien elle était heureuse d'entendre tout cela ; mais elle se rendait compte que ce bouleversement continue à en déranger bon nombre. Cinquante-deux ans plus tard, beaucoup de clercs veulent récupérer le pouvoir de l'autel, et beaucoup de laïcs sont d'accord de le leur abandonner. « Mais il faut y croire, se battre ! » disait-elle. François, le rêve est trop beau pour l'avorter. Il vous faut aussi considérer le grand nombre de chrétien(e)s formé(e)s qui participent depuis des années à des équipes liturgiques et qui se désolent de voir surgir dans leurs paroisses des « nouveautés » archaïsantes.

Non, le concile n'a jamais interdit le latin, la messe dos au peuple ou les chasubles « boîte à violon », il n'a rien dit sur la place des femmes dans le chœur des églises, sur la communion dans la main, il n'a pas posé d'anathème sur le chant grégorien ou la clochette de l'Élévation ; mais nous avons désormais une tradition de cinquante ans de vie et d'interprétation des décrets conciliaires qui ne peut être rayée au titre d'une nouvelle lecture des mêmes textes. Vous me voyez venir avec des gros sabots... Oui, à Ophel, nous avons peur de la nouvelle traduction francophone des prières liturgiques. Nous apprenons par la presse les changements qui se trament. Je ne vous les détaille pas, vous les connaissez et vous savez combien certaines formulations sont dangereuses et seront reçues par beaucoup de fidèles comme un retour en arrière. Au nom du Jubilé de la Miséricorde, ne laissez pas revenir l'expression : « C'est ma faute, c'est ma faute, c'est ma très grande faute ! » Les cinquante dernières années ont offert à l'Église une meilleure compréhension des mots, des expressions liturgiques. Dans tous les livres consacrés au Jubilé, on explique que le terme grec *Eleos / Eleison* désigne avant tout une invitation à ouvrir nos cœurs à la Miséricorde divine qui nous engendre à la vie, et non à nous battre la coulpe. La prière pénitentielle de la messe devrait, cette année, changer de nom pour devenir la prière régénératrice ou la prière revivifiante. Celle d'un enfant qui sait que Dieu se souvient de lui comme une mère ne peut oublier son enfant. J'aime l'expression de Neher parlant de la Miséricorde comme le souvenir, le en-plus-que-souvenir, le perpétuel survenir de Dieu dans l'Histoire[31].

Vous comprenez bien, François, que le retour à la « faute » nous rend malades. Nous avons vécu ces cinquante dernières années post-conciliaires comme un véritable *hidouch*, un espace de création de sens généré par une « parole parlante » qui profite de tout pour amplifier l'interprétation. Et nous ne pouvons plus revenir à la « parole parlée » qui fige un texte et sa traduction. L'an prochain, le premier dimanche de Carême sera peut-être le début d'un nouveau schisme ! J'exagère, mais votre prédécesseur a été si empressé d'offrir la possibilité de garder le missel anté-conciliaire de 1962 en langue latine ; attendez-vous à ce que certaines paroisses vous demandent de préserver l'usage du missel traduit dans l'élan du Concile en 1965 !

Laissez-moi paraphraser M. le chanoine de la Motte-Beuvron parlant à mon cher curé : « *Que reproche-t-on à la nouvelle liturgie ? – D'être ce qu'elle est, il n'y a pas de remède à cela. Que voulez-vous, mon enfant, ces gens ne haïssent pas sa simplicité, ils s'en défendent, elle est comme une espèce de feu qui les brûle*[33]. »

Elle ne me brûle pas ; elle réchauffe ma vie. Nous n'attendons pas grand-chose de cette nouvelle traduction, nous avons le désir de voir le rite continuer son œuvre de transformation. *Lex orandi, Lex credendi*[34]. L'Église croit comme elle prie. Notre foi a été modelée par une traduction qui se voulait déjà interprétative. Ne laissez pas une prétendue fidélité au texte latin original refroidir nos élans.

François, jetez un œil sur ce sujet et réconfortez-nous.

Pax tecum.

Mercredi 17 février 2016 – 0:26

Objet : Un pont

Ave,

Pourquoi devrais-je continuer à vous écrire ? Je ne le fais sans doute que pour moi. Je suis tombé sur la définition que Jean-Philippe Toussaint[32] donne de l'écriture : pouvoir fermer les yeux en les gardant ouverts. Le processus d'identification avec le curé de Bernanos atteint un point de non-retour ; vous écrire est-il devenu une nécessité ?

Mon rendez-vous avec votre tablette me rassure. Je peux me confier. Et cette nuit, j'en ai besoin. Depuis que l'Année Jubilaire a débuté, j'ai lu beaucoup de commentaires, d'articles et de livres sur la Miséricorde. Des brillants, des pieusards. Des œuvres théologiques, exégétiques ou des Faustineries. Au gré de ces lectures, je n'arrive pas à discerner la cause du malaise qui s'installe en moi. Sauf peut-être ce soir, en écoutant la conférence d'un confrère qui vous citait : « Pas de miséricorde sans justice » – ce qu'il commentait en affirmant qu'on ne peut expérimenter la Miséricorde que dans la reconnaissance de son péché et de sa misère. Pastoralement, cela se concrétise par la fameuse idée un tant soit peu chirurgicale séparant le péché qui est à dénoncer du pécheur repentant que l'on se doit d'accueillir.

Je suis peut-être en ce moment dans un état hypersensible, mais j'ai eu l'impression qu'il me regardait et s'adressait à moi lorsqu'il parlait des partisans d'une Miséricorde à deux balles qui, sous prétexte d'un Jésus-cool, ne dénoncent pas les péchés, ne montrent pas du doigt les vices, laissent nos contemporains dans l'erreur. « La vérité vous rendra libres » dit Jean dans son Évangile (8, 32), et lui de commenter : « Donc, l'erreur nous emprisonne. » Suis-je donc un gardien de prison qui veille à l'enfermement de mes frères ?

Inutile de vous dire que je suis resté muet, car la Miséricorde passe parfois par le silence. Je n'ai pas traîné pour rentrer chez moi afin de *googleliser* « pas de miséricorde sans justice pape François ». Ouf !

Aucune référence à un discours où vous auriez prononcé ces mots. Au contraire, votre homélie du 23 mars dernier semble affirmer le contraire : « Dans la Miséricorde est le juste jugement. Et là où il n'y a pas de Miséricorde, il n'y a pas de justice. » Comment pouvons-nous à ce point déformer vos paroles ? Déformer et plagier… Mon étude sur Bernanos me permet d'affirmer que la citation de mon confrère est de lui, dans *Français, si vous saviez* : « *Il n'y a pas de Miséricorde sans justice, la vraie Miséricorde n'est pas un compromis avec la justice, mais la justice au degré le plus éminent. La Miséricorde ne se fonde que sur une connaissance de soi sans défaillance ni complaisance.* » Un plagiat désastreux avec sortie du contexte et contresens.

J'ai donc, ce soir, le cœur en miettes. Cette année de la Miséricorde devrait être celle où, dans le concret de la pastorale de l'Église, est proclamé haut et fort : « Pas de justice sans Miséricorde ! » Mais cette affirmation est trop révolutionnaire. Son contraire est plus rassurant. François, je crois avoir trouvé la source de mon mal-être suite à la lecture de tout ce qui sort sur la Miséricorde : il manque un pont. On dirait que l'on n'arrive pas à mettre un lien entre la rive biblique qui révèle un Dieu tellement miséricordieux qu'il accorde son pardon sans condition et la rive pastorale qui n'arrive pas à offrir le pardon sans confession ! La construction de ce pont durera sûrement des siècles mais nous comptons sur vous, François, pour engager le chantier. Il sera coûteux et nous obligera à nous débarrasser de certaines théologies douteuses aux pensées si peu christiques. Le Père prodigue a-t-il exigé des garanties avant d'ouvrir ses bras à son fils ? Jésus a-t-il demandé à la femme aux six maris de quitter le dernier pour rejoindre le premier, seul légitime ? A-t-il attendu que Zachée s'ouvre au Salut pour aller demeurer chez lui ?

François, laissez-moi vous offrir un casque de chantier, j'en trouverai un couleur jaune-vatican. Je vous imagine, lors de la pose de la première pierre. Ce pont serait le signe de la gratuité totale de la Miséricorde divine qui n'exige rien, n'oblige rien en retour. Il aurait comme piliers la grandeur et l'infinie magnanimité de Dieu. Pas de péage, bien entendu, mais un portique d'entrée qui oblige à lire l'affirmation de Thomas d'Aquin que vous citez dans votre Bulle : « La Miséricorde n'est pas un signe de faiblesse, mais bien l'expression de la toute-puissance de Dieu ». Ce pont serait, enfin, comme le Rialto de Venise ou le Ponte Vecchio de Florence, habité par le Vatican que vous déplaceriez. L'Église n'est-elle pas ce lieu de passage où résonnent les hymnes de louange à ce Dieu qui, dans sa Miséricorde, consent à ne pas être indispensable au quotidien des hommes. N'est-elle pas ce chemin qui, avec Eckhart, met l'humanité en distance du lieu, du temps et des images pour que nous parvenions « jusqu'à l'empreinte du désert[35] » ?

Au nom de la Miséricorde, je n'ai pas été bavard ce soir, pour ne pas créer de conflit. Bernanos vient encore murmurer à mon oreille : « *Garder le silence, quel mot étrange ! C'est le silence qui nous garde.* » Qui nous protège, nous désengage, nous maintient irresponsable. Ai-je été lâche ?

François, merci de toujours prendre la parole, de ne jamais préférer un silence accommodant. Vous êtes un contremaître « à la Jean-Baptiste » qui crie dans le désert la Parole d'un autre pour orienter les travaux de construction. Parlez, criez si vous le voulez pour que ce pont soit beau. Comptez aussi sur moi pour en être un ouvrier. Je sais couler le béton…

Je vais dormir. Sûrement vais-je rêver de ce pont. Il me réconfortera.

Pax tecum.

Jeudi 18 février 2016 – 23:02

Objet : Vol

Ave,

Il y a des jours qui semblent prédéterminés pour susciter en vous des envies violentes. Je ne sais pas vous, mais moi, parfois, je dois faire un gros, un très gros effort sur moi pour refréner des pulsions qui seraient en parfaite contradiction avec tous nos principes, avec les commandements les plus fondamentaux. Mais je présume que si, depuis si longtemps, les religions les répriment, c'est parce qu'elles savent que ces pulsions peuvent se montrer impérieuses. Aucune religion ne prescrirait « Tu ne te frapperas pas » ou « Tu ne te voleras pas »…

C'est aujourd'hui la fête de sainte Bernadette et j'ai décidé d'aller voir des malades que j'accompagne parfois à Lourdes. Entre deux visites, je rentre chez moi pour prendre des documents. La porte de ma chambre est éclatée. À l'intérieur, un chaos effroyable ; toutes les armoires, tous les tiroirs ont été vidés et répandus sur le sol. Un petit coffre-fort scellé dans le mur a été arraché et emporté.

Pas la peine de convoquer Hercule Poirot pour savoir que le voleur avait la clé d'entrée du bâtiment : aucune autre effraction à part la porte de ma chambre. Mais je suis bien avancé : la liste est longue. Depuis le dernier changement de barillet, une foule d'individus de tous horizons sont passés dans le presbytère ; l'urgence d'un logement pour cause de dégringolade sociale, un déplacement professionnel pour un saisonnier ; une famille qui n'a d'autre toit que celui de sa voiture ; un ancien quêteur professionnel qui vient retenter sa chance… Aldo Moro écrivait, dans la dernière lettre adressée à son épouse, que tout était inutile quand on ne voulait pas ouvrir sa porte. Même aux assassins. Même aux voleurs.

Je dois lutter contre la tentation du soupçon. Des dizaines de visages me reviennent en mémoire. Celui-ci ? Celui-là ? Délit de faciès.

Je suis en colère. Je rage parce que je n'avais pas sauvegardé tous les documents de mon ordinateur. Ils sont à jamais perdus. Et des amis s'étaient réunis pour m'offrir un iPad… le rêve ! Et puis, le temps que je vais devoir perdre à la police, avec l'assurance, le menuisier, le serrurier… Enfin, cerise amère sur le gâteau de ma colère : c'est la troisième fois en trois ans !

Je suis en colère. Les horribles versets vengeurs du Psaume 108 murmurent à mon oreille : « Suscite contre lui le méchant, du jugement qu'il sorte coupable, que ses jours lui soient écourtés… » Il faut que je me calme, c'est l'année de la Miséricorde !

Ils sont rentrés chez moi. Premier mensonge. Je n'ai pas de « chez moi ». Je n'en ai plus depuis que j'ai quitté la maison de mon enfance. Je suis passé de presbytère en presbytère. Certains énormes, d'autres minuscules. Des palais, des cages à poules. Des propres, des sales. Des chauffés, des glacés. Je m'installe, je déménage ; je sais que l'Église m'abritera jusqu'à la fin de mes jours. Mais je ne serai jamais plus « chez moi ».

Pour me consoler, je me dis que pour vous, ce doit être pire. J'essaie de m'imaginer votre chambre, votre asile. Plus luxueux que le mien sans doute, mais ce n'est pas sûr. J'ai connu nombre de « palais » italiens en décomposition où le fils « *del dottore e della contessa* » n'avait qu'une envie : quitter les lieux pour rejoindre son studio meublé Ikea, infiniment plus petit mais ô combien plus confortable ! Et vous, qu'avez-vous emmené de votre ancienne vie ? Un tableau ? Un vase de votre mère, le train électrique de votre père ? Votre première lampe ?

Il y a quelques années, j'ai ressenti ce manque terrible, celui de ne rien posséder. N'avoir rien construit, n'avoir même pas aménagé un petit quelque chose à moi, un lieu qui me définirait par son style, sa couleur, son atmosphère. À moi, rien qu'à moi…

Comprenez-vous que je ressente ce soir un petit coup de blues ? Pourquoi ouvrir la porte à ceux qui savent l'ouvrir tout seuls ? Déjà pour éviter de devoir la remplacer… Un voleur sur combien de visiteurs ?

Rien ne me dit d'ailleurs qu'il s'agit vraiment d'un ancien hôte du presbytère. Peut-être une fenêtre restée ouverte. Peut-être ma faute. Et puis, cet ordinateur, il en avait sûrement plus besoin que moi…

C'est plus fort que nous, cette éducation, ce dressage à la culpabilité ! Dans deux minutes, je battrai ma coulpe et je demanderai pardon au voleur si j'avais la chance de le rencontrer ! Je lui offrirai mon smartphone, et ma voiture !

Culpabilité ou narcissisme ? Car, au fond, séduit par la vision d'Origène sur la Miséricorde de Dieu allant jusqu'à l'Apocatastase[36] finale, je me prends un peu pour Lui, désirant devancer son œuvre dès ici-bas. François, je vous le confesse « à la française » : je rêve d'une Réconciliation-pour-tous, d'un Salut-pour-tous, d'un Pardon-pour-tous. Est-ce grave ? Vous allez me répondre, si du moins vous daignez un jour me faire un signe, que j'ai une théologie à la Polnareff : « On ira tous au paradis, toutes les bonnes sœurs et tous les voleurs… » Ou que le message de Bernadette que nous avons relu aujourd'hui – « Pénitence, pénitence, pénitence » – doit garder sa pertinence comme invitation à la conversion. Mais vous ne saurez dire, car c'est un mystère insondable, l'abîme ou le papier à cigarette qui séparent l'humanité pécheresse de la volonté divine d'un Salut universel.

Ce soir, je n'ai pas envie de tendre la joue gauche. En même temps, je me souviens que Jésus nous a enjoint à ne pas construire de grenier pour entasser les biens qui rassurent. J'ai peu mais je suis (r)assuré. Je serai remboursé de ce qu'on m'a volé. Et les documents perdus, je les recommencerai. Ils n'étaient sûrement pas aboutis.

Aucune faute, soit. Aucun mérite non plus.

Bon, d'accord. Je rouvrirai ma porte.

Même à vous, François. Si vous frappez lors de votre hypothétique venue, je vous ouvrirai. Et je vous volerai un peu de temps pour que vous me réconfortiez.

Pax tecum.

Mardi 23 février 2016 – 0:38

Objet : Cardinaux

Ave,

Vous avez choisi pour votre blason une phrase tirée de l'homélie de saint Bède le Vénérable, prononcée le jour de la fête de saint Matthieu (le 21 septembre) : « Jésus le vit d'un regard qui fait Miséricorde et qui choisit. » Sur votre blason, cela donne : « *Miserando atque eligendo.* » Choix pour le moins surprenant, si vous me permettez ! Mais je sais que vous êtes attiré par le récit de la vocation de Matthieu. Vous aimez le chef-d'œuvre du Caravage, dans l'église de Saint-Louis des Français. Et vous avez complété la réflexion en reprenant le commentaire de Bède sur ce qu'il appelle le regard intérieur du Christ, sur sa parole qui touche au plus intime de l'âme.

Telle est donc désormais votre devise, vous qui vous sentez aimé et choisi par le Christ.

Aujourd'hui, c'est vous qui choisissez. Et nous avons contemplé votre choix en ce jour où les cardinaux ont fait leur jubilé. Choisir et élire ; j'opte pour ce dernier terme, car dans mon cœur, je nourris le rêve que cette sélection répond à un projet politique : la réforme d'une curie que nous attendons tous. Mais j'ai peur, malgré toute la confiance que j'ai envie d'avoir en vous. C'est toujours comme ça lorsque je vois à la télévision le Vatican et ses ors, ses soutanes, ses airs d'onction, de componction, de fausse sainteté, ses calottes, ses crucifix… Un spectacle qui me laisse froid et incrédule, quand il ne me met pas en colère. Comment notre institution a-t-elle pu à ce point s'éloigner « esthétiquement » de ses origines, des chemins de Galilée ? Et vous, comment faites-vous pour passer des favelas à ce décorum ?

J'aimerais vous aider à changer d'air. Alors pour ce faire, je voudrais seulement reprendre la plume d'écrivain pour vous conter de nouvelles histoires vécues et, peut-être, vous faire sourire… Elles vous rappelleront sans doute votre ancienne vie à Buenos Aires.

Première rencontre

Je suis un jeune prêtre, fraîchement débarqué dans une nouvelle paroisse. Je suis fauché. Mon père m'a offert une Peugeot 206. Rien de très luxueux, pas de quoi parader place Saint-Pierre... Moi qui suis fou de musique, je suis surtout ravi de l'autoradio qui l'équipe, un modèle rétractable, si vous voyez ce que je veux dire. Autrement dit, un lecteur cassette et radio, que je peux enlever et emmener chez moi pour éviter qu'on le vole. C'est vous dire combien cet objet semble précieux, et combien il est susceptible d'attiser les convoitises ! Et comme souvent, face à ce genre d'équipement, la plupart des propriétaires le laissent bien en place parce que, somme toute, c'est encombrant.

Au temps pour moi...

Dès le premier soir, « on » vient briser la vitre et « on » vole l'autoradio. Qu'est-ce que je croyais ? Que le fait d'être prêtre était marqué sur le pare-brise et que cela constituerait un antivol efficace ? Je suis furieux. Je sais qu'il ne faut pas s'attacher aux biens matériels, je sais que c'est de ma faute ; mais j'aime trop la musique, et je ressens de surcroît cette agression comme une atteinte insupportable, un mauvais présage, comme si tout ce que je dois vivre dans cette paroisse qui m'est confiée va dépendre de ce mauvais départ.

J'entreprends sur le champ la tournée des jeunes du quartier, ceux qui traînent dans la rue. Par « hasard », auraient-ils vu quelque chose ? Je ne les accuse pas directement, je ne suis pas tout à fait fou. Ils me demandent où et quand le vol a eu lieu. Je donne l'information, je décris aussi le modèle. Alors, en riant et en roulant des épaules, ils tentent de me réconforter ; pas de souci, ils vont m'en trouver un autre, encore mieux ! Je suis vexé : je veux le mien, pas un autre. Et je les plante là pour aller porter plainte à la police.

Le planton prend ma déposition avec lassitude et je devine qu'il reste patient uniquement parce que je suis prêtre et nouveau dans le quartier. Il m'épargne la remarque : « Si vous avez un appareil rétractable, pourquoi vous le laissez à vue dans votre voiture ? Vous pourriez au moins le glisser sous votre siège… » Je lui en suis reconnaissant, même si je me sens quand même un peu idiot. Et démuni.

Le lendemain, le commissariat m'appelle. Je reconnais la voix du policier qui a enregistré ma plainte et je note une pointe de surprise amusée dans sa voix. Il insiste pour que je vienne tout de suite.

Quand j'arrive, je découvre les flics hilares devant un tas impressionnant de radiocassettes de toutes sortes ; tous ceux qui avaient été volés ce soir-là dans le quartier ! Et le mien, au milieu, avec la cassette que j'étais en train d'écouter. « Faudra que vous nous expliquiez votre truc ! », me lance le commissaire, qui serait sans doute très heureux de pouvoir m'enrôler dans sa brigade. Cela dit, aux airs de certains, je devine qu'il ne faudrait pas que ce genre de miracle se reproduise trop souvent ; ils vont devoir maintenant rechercher les propriétaires de tous les autres appareils…

Lorsque je revois mes jeunes, ils sont ravis et, bien sûr, absolument pas surpris. « Tu vois, l'abbé, tu peux compter sur nous ! » C'est alors que je note leurs regards, que je n'avais pas surpris la première fois, parce que j'étais trop énervé. Ils se portent sur ma sacoche, et plus particulièrement sur une chaîne qui en dépasse. À l'intérieur, un grand et lourd chapelet venu de Lourdes, que j'ai acheté quelques jours avant de venir ici. Mais eux, ils ne pensent pas un chapelet ; ils ont cru que c'était un nunchaku ! Vous savez de quoi il s'agit ? Une sorte de fléau à deux branches, tenues par une chaîne, et qu'on utilise dans les arts martiaux. Une arme redoutable, que les films de Bruce Lee ont rendue très populaire auprès des jeunes.

Une fois que les gens ont une image de vous, il est presque impossible de leur faire changer d'avis. J'ai eu beau leur expliquer que je n'avais jamais possédé le moindre nunchaku, ni la moindre arme d'ailleurs, rien n'y a fait ; durant les trois années que j'ai passées dans cette paroisse, je suis devenu un champion des arts martiaux auquel il valait mieux ne pas toucher. Et je n'ai jamais eu le moindre souci de violence !

Juju est un brave gars, qui vient parfois à la messe et que je rencontre plus souvent en dehors. Pour être franc, il ne vient à l'église que lorsque j'ai réussi à le convaincre, après une dizaine de rencontres au café. « Dix bières valent bien une messe ! », me lance-t-il la veille de sa visite. Et quand il est parmi mes ouailles, je me sens particulièrement en verve, autant qu'attentif à ce que je dis ; je sais qu'il prendra un malin plaisir à me corriger lors de notre prochaine pinte. J'oubliais un détail : Juju est un clodo, un vrai, un acharné de la rue, qui a toujours refusé les asiles et les aides. Il y en a. Parfois, je me dis que si le Christ revenait aujourd'hui, il irait lui aussi loger dans la rue.

Mais je m'égare…

Un matin, Marcel vient sonner à ma porte :

– Père Francis, Juju est mort. On va lire son testament au bar du Robert. Faut que tu viennes ; t'es dessus.

Juju… Un instant, je reste les bras ballants. Le plus fragile peut-être de mes paroissiens était-il celui que j'avais fini par croire indestructible ? Je le revois, toussant à en perdre le souffle. Mais il ne le perdait jamais. Le visage rubicond, il revenait à la surface ; « Et cette bière ? Vous me l'avez sifflée, ou quoi ? »

Le cœur gros, je descends chez Robert. Le tenancier officie, sa grosse bedaine posée à moitié sur le comptoir, cérémonieux comme un bedeau profitant d'une absence du curé. Nous sommes une petite dizaine, certains clodos, d'autres piliers de bistrot, d'autres encore, comme moi, copains de fortune. Robert se racle la gorge et déplie une feuille sale qu'aucun notaire ne prendrait au sérieux, et j'ai l'impression de voir Moïse sur le Mont Sinaï… « Alors… Salut à tous, les affreux ! » Il y a quelques rires, mais quand même, c'était mieux avec la voix de Juju. La liste commence ; à chaque article du testament, Robert saisit l'objet désigné, y jette un œil humide puis le tend au récipiendaire. La montre – « elle est juste au moins deux fois par jour ! » – pour untel, son sac de couchage – « avec les rêves et les cauchemars qu'il contient encore » – pour tel autre, une médaille de saint François – « c'est moi qui ai réalisé son vœu de pauvreté » – pour une sœur de la cloche… Tout un trésor, toute une vie qui s'écoule entre les doigts de Robert, des reniflements et des rires, des commentaires aussi, des souvenirs… J'écoute, me demandant ce que Juju m'a réservé. On arrive au bout de la liste, il n'y a plus aucun objet devant Robert qui replie la feuille et passe la langue sur ses lèvres avant de lancer l'ultime parole de ce cher, de ce trop cher Juju :

– Et pour mes dettes, vous demanderez au Père Francis de ma part !

Comme il n'y a aucun notaire ici, pas question de refuser l'héritage ! Je souris comme je peux tandis qu'on me félicite en plaisantant. « Veinard, t'as la plus grosse part ! »

Le lendemain, on sonne à la porte du presbytère. Une femme, très maquillée, dont je devine rapidement la profession.

– Paraît que c'est chez vous qu'il faut que je m'adresse… Juju était un de mes réguliers…

– Un de vos réguliers ?

Qu'est-ce que j'imagine ? Qu'elle est la mère supérieure d'un ordre monastique ?

– Un de mes clients, précise-t-elle en soupirant, si vous voyez ce que je veux dire… Et il tenait une fameuse ardoise, le Juju. Il m'aimait bien, ça oui, mais il était toujours fauché. J'ai bon cœur, moi, qu'est-ce que vous voulez… Il finissait toujours par me payer, au moins un peu… Mais là…

La somme était conséquente et la belle était convaincue que cette dette était désormais la mienne. Pendant des semaines, elle est venue au presbytère, pour son étrange retape… Pour mettre fin à ce manège, je n'ai pas eu d'autre choix que de la dénoncer à ses copines de turbin. Elles ont réglé le problème à leur manière – bonne ou mauvaise, je l'ignore. Toujours est-il que tout est rentré dans l'ordre.

Premier contact « de trottoir »

À part cette femme, je n'avais jamais eu de contact direct avec une de ces filles qui poireautent sous l'arrêt de bus sans jamais le prendre, préférant les voitures qui s'arrêtent pour les inviter à monter, comme par miracle... Pourtant – et pas seulement parce que j'étais devenu le débiteur de l'une d'entre elles sans avoir pour autant jamais recherché son commerce – je sentais que je devais leur parler et qu'il n'y avait aucune raison que je les exclue de mon champ d'activités.

C'est l'art qui m'a donné le prétexte pour les aborder. Je rentre chez moi à vélo, après une exposition d'art contemporain dans une galerie des quartiers chics. J'ai le catalogue sous le bras. Ma route passe devant l'arrêt de bus. Elles sont là et je décide de m'arrêter pour leur montrer la beauté des tableaux. Elles se groupent autour de moi, peut-être parce qu'elles trouvent ça rigolo, un curé qui leur fait l'article avec un catalogue de tableaux, ou tout simplement parce qu'elles partagent mon enthousiasme.

– C'est beau, hein ?

Elles opinent. J'ajoute, contrit :

– Dommage que ce soit si cher...

– Ben, l'abbé, c'est comme nous ; super beau, mais super cher !

Nous éclatons tous de rire. Il n'en fallait pas plus pour établir le contact. J'ai appris à les connaître, elles m'ont ouvert les yeux sur les méandres de la vie humaine, en me parlant de leur vie, de leurs joies, leurs tristesses, leurs enfants... « C'est pas tous les jours qu'elles rigolent », ces « filles de joie », comme chantait Brassens.

Depuis, nous nous rencontrons souvent. Elles m'interpellent quand je passe devant l'arrêt de bus : « Hé, l'abbé ! C'est beau ! » Et je réponds : « Oui, mais trop cher ! » Les gens autour de nous font semblant de ne pas entendre.

Voilà, François, je voulais juste vous distraire un peu. Vous faire sourire et vous éloigner un moment de votre Cité, de ses affaires et de ces Princes de l'Église avec qui vous avez partagé la journée. Prince... si on changeait la dénomination ? Dans mes histoires, mon Juju me semble plus princier que vos compagnons...

Je suis épuisé ! Jouer à l'écrivain demande de la concentration… Dormez bien, François. Demain, je vous raconterai peut-être d'autres histoires. Sans bouger, vous avez voyagé aujourd'hui. « *Miserando atque elegando.* » Les derniers cardinaux que vous avez nommés viennent de tous les continents. Vous nous faites du bien en choisissant les plus « lointains » de Rome. Des petits signes qui réconfortent…

Cela dit, vous auriez pu m'inscrire dans la liste ! Et pas que pour vos dettes…

Pax tecum.

Vendredi 26 février 2016 – 22:17
Objet : In Principio

Ave,

Cet après-midi, rendez-vous avec la mémoire, une fois encore. Une page sombre, douloureuse. Une demande peu habituelle : célébrer les obsèques d'une personne non baptisée.

J'ai déjà été confronté à cette requête. La première fois m'a pris tout à fait au dépourvu. J'étais jeune prêtre, et je n'étais pas prêt.

Un couple sonne à la porte. La quarantaine, mais une ombre sur eux qui leur donne des siècles. Ils sont Anglais – on en compte beaucoup dans notre région – et viennent de perdre leur fille de 13 ans, fauchée, alors qu'elle se rendait au collège en vélo, par un chauffard. Lequel a pris la fuite.

Que dire ? Wittgenstein : « Ce qui ne peut être dit doit être tu. » Et Bernanos ? « *Peut-être d'autres que moi sauraient alors trouver le mot qu'il faut pour convaincre, apaiser ? J'ignore ces mots-là.* »

Les parents « désenfantés » me demandent : quand pourrons-nous l'enterrer à l'église du village ? Ils prévoient beaucoup de proches venus d'Angleterre, tous les enfants du collège, les amies de la danse, les amis de la famille, les voisins plus ou moins proches, et même des curieux. Du monde pour noyer la peine, au moins durant ces heures plus dures encore.

Je les écoute et comprends peu à peu : ils sont anglicans et leur fille n'est pas baptisée. Ils voulaient lui laisser le choix, quand elle le voudrait, si elle le voulait. Un baptême choisi et pas imposé. Un jour… mais il n'y a pas eu assez de jours.

Je ferme les yeux. Des non-catholiques, une non-baptisée. Mais une vraie défunte, et un drame on ne peut plus tangible. Pourtant, le rite des funérailles est bâti sur le vocabulaire du baptême : « Tu as été baptisé dans la mort du Christ pour participer à sa résurrection ». Puis-je prononcer ces mots ? Faire le signe de l'eau ?

Franchement, François, je peux le dire : ce fut mon premier véritable baptême. J'ai plongé dans l'inconnu, je me suis immergé dans la peine et l'amour. Je ne me suis pas noyé, grâce à ces amis, ces proches, ces parents qui sont venus déposer la vie de cette jeune fille sur un lit de signes et de paroles manifestes. « Manifeste », littéralement « pris à la main », par la main, par le cœur. Par la fête ? Une fête triste, bien sûr, mais un manifeste pour moi. Ces paroles et ces signes m'ont en quelque sorte ressuscité. Alléluia !

Je me souviens ce soir-là avoir prié en écoutant *El Male Rahamim* chanté par Jordi Savall : « Dieu empli de Miséricorde *(Rahamim)*, résidant dans les hauteurs, accorde-lui le juste repos sous les ailes de la Présence Divine parmi les saints et les purs qui brillent comme la splendeur du firmament… »

Rehem, le sein maternel de Dieu qui nous aime d'une tendresse toute féminine, recevant jusque dans ses entrailles le cri de toutes les mères qui pleurent un enfant. *Rahamim*, « le souvenir (et l'avenir) de l'amour par-delà la séparation et la mort[37]. »

Quelques jours après, un confrère m'a demandé pourquoi j'avais accepté cette célébration. Incapable de partager avec lui la finesse du langage biblique, je lui ai présenté, en guise de réponse, le Joker dans mon jeu de poker. Il y a vu le Mat du Tarot. *Game over !*

Je ne m'explique pas bien pourquoi je me sens à ma place dans ces situations difficiles. Au temps où le symbolisme me passionnait, j'avais été frappé par la vision guénonienne du point central de la sphère, ce point « non soumis à la condition spatiale, puisque, au contraire, il en est le principe[38]. » C'est ainsi que j'analyse mon existence : toujours dans un mouvement qui me conduit de la surface au point central, unique et stable, rejoignant tous les autres voyageurs, fussent-ils ou non religieux, croyants, baptisés. « La vérité est dans la profondeur », disait Paul Tillich.

C'est dans l'expérience de tels drames que l'on rencontre ces voyageurs, au cœur d'une intensité d'humanité.

François, réconfortez-moi, dites-moi si je ne me trompe pas de chemin en accueillant avec bienveillance et avec amour. Il ne mène pas forcément à Rome, mais vers ce centre sacré que nous appelons le Divin, et que tant d'autres humains baptisent d'un autre nom. Rome passera ; mais ce point, parce que « principe » – *in principio* – ne peut passer.

François, réconfortez tous les voyageurs, tous « ceux dont (Dieu) connaît la droiture[39] » !

Pax tecum.

Samedi 27 février 2016 – 16:38

Objet : Saintes Familles

« *Dieu nous préserve des réformateurs !*
Dieu nous préserve aussi des saints. »

Ave,

J'imagine, si vous êtes un vrai réformateur, que cette citation de mon cher Bernanos ne vous plaît pas trop ! À moins que vous la preniez *cum grano salis* et considériez qu'il faut la lire au second degré…

Je ne voudrais pas être à votre place. Quel tiraillement ! Dans l'Église, toutes ces tendances qui se revendiquent du même Christ et prétendent être, à elles seules, la vérité… Du vaste héritage de Vatican II – héritage menacé en partie, du moins avant votre arrivée –, je me demande si l'idée de Communion n'est pas la plus utopique des inventions. Pourquoi se compliquer ainsi la vie, alors que l'on disposait du super-joker ! Infaillibilité papale, belote, rebelote et dix de der' ! Autrement plus pratique et confortable que toutes ces histoires de communion, de discussion…

Nous en faisons l'expérience à Ophel. Aujourd'hui, notre rencontre fut houleuse, au moins dans son introduction. Au programme, la Famille et le Mariage. Sujet hautement glissant dans notre pays depuis les heurts violents qui ont opposé les Mariage-pour-tous et les Manif-pour-tous. Je savais que seraient présents des partisans des deux anciens clans au milieu de ceux qui ont pris le parti de l'indifférence. Prudence…

Notre présidente d'un soir a été d'une incroyable efficacité. Elle a eu une idée de génie de commencer, en avant-propos, par l'étude de ce petit texte de Michel Serre[40] :

« Nous naissons tous enfants d'un ventre vivant ; les lois exigent ensuite que nos parents nous reconnaissent, nous naissons alors à la légalité ; celle-là permet, en outre et parfois, l'adoption. Nous pouvons voir le jour par trois fois : fille ou fils naturel, légitime, adoptif.
Or, dans la Sainte Famille, s'effacent les deux premiers liens, celui de la vie, celui de la loi. Voici Joseph, père adoptif ; voici Jésus, fils adoptif ; voilà enfin Marie réputée vierge afin de minimiser, dans la chair, la généalogie de nature et de sang.

[...] Vous ne deviendrez père, mère, fille ou fils, qu'au moment où vous vous choisirez les uns les autres, où vous vous aimerez les uns les autres. L'ère moderne naquit quand le choix d'amour devint le lien humain élémentaire, celui de la parenté. »

Puis elle a commenté à peu près ainsi : « Le Christ s'est petit à petit éloigné du lien charnel, du lien de sang qui le lie à sa mère, pour qu'elle devienne "Mère universelle". Si, au regard du Christ, Marie est la mère de Jean et si Jean est le fils de Marie, pensez-vous vraiment que la famille soit si importante dans l'annonce de sa Bonne Nouvelle ? »

Dans un deuxième temps, elle a rappelé la déception de beaucoup lors de la parution du rapport de la première assemblée synodale[41]. Déception de ceux qui attendaient du pain ou du poisson et qui constatent qu'on leur donne une pierre ou un scorpion, pour paraphraser Luc 11, 11-12.

Enfin, elle a donné la parole à un couple un peu original. Au temps des grands débats, le sujet les divisait et de lourds tiraillements commençaient à envahir leur relation. Un soir de la semaine, ils avaient pris la décision de parler posément. En prévision d'Ophel, ils ont décidé de théâtraliser le résultat de leur débat. Ils nous ont bien fait rire. Il faut que vous sachiez, François, qu'à ce moment-là, il y avait une grève très dure à Air France.

Imaginez la situation : d'un côté Isabelle exaspérée par les nouvelles règles économico-libérales déclenchant la grève, de l'autre Hubert scandalisé par la redéfinition libérale du mariage suscitant la manif.

H : Le monde a changé.

I : C'est vrai, il a changé.

H : Pour qu'une société marche, il faut obéir à la loi du marché.

I : Pour qu'une société fonctionne, il faut obéir aux nouvelles situations qui s'imposent à elle.

H : Si les compagnies low-cost prennent le pas sur les grandes compagnies, il faut que ces dernières s'alignent.

I : Si les nouvelles situations prennent le pas sur les familles traditionnelles, il faut que le concept de famille s'aligne sur elles.

H : même au prix de la perte de CDI au profit de CDD qui mettront à mal « les acquis sociaux » qui ne sont plus de ce temps…

I : Même au prix de la mise à mal de la famille traditionnelle et ses « acquis historiques » qui ne sont plus de ce temps, car les temps ont changé.

H : *for the times they are-a-changin'.*

Camus avait raison de souligner que s'il est facile d'être logique, il est presque impossible d'être logique jusqu'au bout. Ces fameux « temps qui changent » divisent les chrétiens de gauche et de droite, les progressistes et les conservateurs… Les réformateurs et les saints ? Chaque camp exige que l'Église sorte, s'affiche, joue au prophète vociférant, ravive des « vraies » valeurs ! Si l'Église ose une doctrine sociale, les chrétiens de droite crient au scandale. Si elle rappelle sa position en matière sociétale et sexuelle, ceux de gauche crient leur incompréhension.

Grâce à notre beau couple, nous avons pu sourire et puis rire de nous-mêmes, de nos attachements « de principe » capables de semer la division.

Enfin, le débat annoncé est arrivé sur le ring… Pour les médias, vous êtes François-le-Réformateur. Les médias sont naïfs ; ils ne mesurent pas la complexité du « développement du dogme », et moins encore la capacité qu'a l'Église à prendre son temps quand il s'agit de mettre ses habitudes à mal. *Chi va piano va sano, e chi va pianissimo va santo.* Le texte final du Synode montre que vous êtes aussi habité par cette sainte prudence capable de reporter *in saecula saeculorum* les réformes attendues au siècle présent !

Il semble pourtant que, grâce à ce synode, dans l'enceinte coupée du monde qu'est trop souvent le Vatican, on a évoqué des personnes et des situations dont on ne parlait pas auparavant. Des vraies personnes, des vraies situations.

J'aurais aimé être là avec une farandole de familles aussi différentes les unes des autres et qui toutes revendiquent le qualificatif de chrétiennes, même si elles ne répondent pas à tous les critères officiels. Je serais venu avec des personnes souriantes. Je vous aurais épargné celles qui n'en peuvent plus du regard des « purs » pas (encore) touchés par certaines blessures familiales aux cicatrices indélébiles.

N'aurait-il pas été beau de profiter de l'atmosphère des salles baroques qui assure un silence quasi sacramentel pour laisser la parole aux personnes qui généralement se taisent, se sentant exclues de l'Église alors qu'elles vivent dans un attachement sincère au Christ ?

J'aurais aimé aussi être là avec de nombreux prêtres « de terrain » pour crier notre détresse pastorale. Nous n'en pouvons plus d'une autorité qui nous laisse si seuls devant la longue liste des nouvelles demandes exprimées au quotidien.

Pour la majorité d'entre elles, officiellement, rien n'est autorisé ; mais officieusement, rien n'est interdit. Cela conduit beaucoup de prêtres à ne plus rien oser. D'autres, dont je suis, prennent cette ambiguïté comme une épreuve. Elle nous pousse à poser des gestes pastoraux à la lisière des règles, *borderline*, comme on dit aujourd'hui, des gestes vécus en notre nom propre alors qu'ils devraient l'être au nom de l'Église entière. Ce malaise, cette crise de conscience est le fruit d'un souci permanent d'obéissance. C'est un peu comme si mes supérieurs nous commandaient de leur désobéir.

Aidez-nous, François.

Un homme a beaucoup insisté sur sa difficulté à entendre sur ces questions les propos sur la Miséricorde. Il a cité Walter Kasper : « Un peu de miséricorde rend le monde moins froid et plus juste[42]. » Bien sûr ; la bonté doit parfois prendre le dessus sur la seule justice. Puis Romano Guardini : « La justice est bonne, elle est le fondement de l'existence. Mais il y a quelque chose au-dessus de la justice, c'est la bonté d'un cœur s'ouvrant tout grand et librement… Malheur au monde où ne régnerait que la justice[43] ! » Mais il trouve qu'un certain « appel à la Miséricorde » peut devenir hautain et condescendant. L'invoquer à l'égard des divorcés ou des homos qui devraient s'engager dans un « chemin de pénitence », c'est les enfermer dans la catégorie « pécheurs *de facto* ». Il serait plus juste de méditer sur le fait que ce sont eux qui, depuis des siècles, accordent leur indulgence à une Église qui leur interdit tout accès aux sacrements.

J'ai aimé habiter Ophel ce matin, ce lieu où le désir de communion l'emporte sur la haine. Aux ardeurs militantes, nous avons préféré la tiédeur. Je sais que le Seigneur la vomit. Mais il en est une qu'Il aime : celle de la chaleur fraternelle chantée par le Psaume 132 qui offre l'atmosphère agréable que requiert l'unité :

> « Voyez ! Qu'il est bon,
> qu'il est doux d'habiter en frères tous ensemble !
> C'est comme un parfum sur la tête
> qui descend sur la barbe d'Aaron [...] ».

À Ophel, l'huile précieuse qui descend sur la barbe d'Aaron nous a réconfortés. Je vous en envoie un peu pour qu'elle renouvelle son œuvre dans les couloirs romains.

Pax tecum.

Dimanche 28 février 2016 – 23:18

Objet : Serviteur inutile

Ave,

Ce soir, je tombe de sommeil et je serai court.

Court comme un pontificat ? J'ai beaucoup pensé à votre prédécesseur, en ce jour anniversaire de sa démission, car, par cet acte improbable, il a offert sans doute une chance unique de régénération de l'Église. Après Jean-Paul II, on pouvait penser que Rome allait hésiter à élire un pape de 60 ans, promis à une carrière d'une trentaine d'années ! Mais la révolution ratzinguienne ouvre bien des possibilités… Il faudra sans doute du temps, mais ni Rome ni Paris ne se sont faites en un jour.

Vous avez souvent évoqué un pontificat court et l'éventualité d'une démission. Il faut s'habituer, avez-vous dit, à des papes émérites, comme il existe déjà des évêques émérites. Merci ! Un tel rajeunissement, un tel renouvellement rendra sa santé à la « jeune fille parée pour son époux » (Apocalypse 21, 2) que se doit d'être l'Église. Car s'il est juste de chanter avec Marie dans son Magnificat que la Miséricorde divine « s'étend d'âge en âge » (Luc 1, 50), il faut aussi se rappeler que l'âge n'offre aucune miséricorde à nos corps et nos énergies…

Qui suis-je pour vous donner des conseils ? Vous n'en avez pas besoin, au demeurant. Disons que je voulais vous écrire pour non pas, comme j'en ai pris l'habitude, vous demander de me réconforter, mais pour vous soutenir. Car vous savez que cette idée, d'un pape émérite, « ne plaît pas aux théologiens ». Sûrement pas non plus aux spécialistes de la liturgie. Je les imagine déjà s'arracher les cheveux pour le protocole lors des grandes célébrations pontificales ! Ils pensent peut-être qu'il faudra organiser des jeux de « chaires musicales »… Mais c'est salutaire, de titiller les théologiens, de les réveiller. Et sachez du moins que cette idée nous plaît infiniment, à nous, prêtres, qui avons l'habitude de changer régulièrement de mission. Les curés passent, les paroisses restent et sont souvent heureuses de changer de visage. De même pour les papes. La Chaire est faible si l'esprit pontifical ne se renforce pas par le renouvellement. Avec le prolongement de la durée de vie, un pape sans « retraite » imposerait aux chrétiens l'exercice de la sixième œuvre de Miséricorde spirituelle qui, selon l'ancien catéchisme de saint Pie X, est de supporter patiemment les personnes ennuyeuses.

François, vous ne l'êtes pas. Soyez réconforté dans vos choix !

Pax tecum.

Lundi 29 février 2016 – 14:01

Objet : Coup de fil

Ave,

Je suis un peu déçu que vous ne m'ayez pas choisi comme Missionnaire de la Miséricorde. Aller dans un nouveau diocèse pendant ce carême m'aurait assez plu. Peut-être est-ce parce que vous lisez mes mails et que vous ne me considérez pas assez catholique pour cette mission ? Non, c'est sûrement parce que vous ne voulez pas que j'interrompe mes messages que vous attendez comme on attendait jadis le facteur. Parfois davantage pour boire une petite prune avec lui que pour les lettres qu'il apportait.

Voici donc une autre petite histoire, vécue ce matin. Je vous la fais sous forme de dialogues avec didascalies, pour varier un peu…

Décor : le presbytère, ma chambre. On a réparé la porte. Je suis en train de m'énerver sur mon nouvel ordinateur parce que, évidemment, rien ne fonctionne comme avant. Le téléphone sonne, ou plutôt, il vibre dans ma poche. Je décroche.

Sylvie : Salut Francis, c'est Sylvie. Tu te souviens de moi ?

Pensées de Francis : Sylvie, Sylvie… J'en connais combien ? Une vingtaine ? Pourtant, quelque chose dans la voix…

Sylvie : Au mariage de Gaëlle et Laurent…

Francis : Ah oui, bien sûr ! Sylvie…

Pensées de Francis : une femme superbe… Si je m'en souviens ! Élégante au point de pouvoir porter une salopette de Yamamoto sans être ridicule.

Sylvie : Je t'appelle parce que je viens d'avoir un enfant…

Francis : Super ! Félicitations !

Pensées de Francis : et un baptême, un ! En dehors de ma paroisse, j'imagine…

Sylvie : Tu sais, par les temps qui courent, j'ai beaucoup réfléchi, et pour le baptême, ça ne peut pas être quelqu'un d'autre que toi…

Francis : Je suis touché…

Pensées de Francis : c'est beau, la fidélité !

Sylvie : En fait, notre fils a la chance d'avoir deux mamans…

Francis : Ah…

Pensée de Francis : et m… ! Encore une tuile à gérer… Que va dire le curé local ?

Mon cher François, le texte du synode sur la famille préconise une attitude pastorale fondamentale : accueillir avec respect et délicatesse. J'interroge un peu Sylvie ; elle m'apprend qu'elle vit avec son amie et leur enfant très loin de chez moi, et que le curé de leur paroisse refuse de baptiser l'enfant. Il leur a même conseillé de se séparer. Pour leur épanouissement personnel, a-t-il précisé. Une telle relation ne pouvait que conduire à l'enfermement, à l'étouffement…

Comment je disais ? Respect et délicatesse ?

Aimer, tout simplement.

Je vais faire la route, François. Je vais me rendre dans cette paroisse et célébrer ce baptême comme il se doit : dans la joie, et sans arrière-pensée. Et si le curé du coin ose une réflexion faisant l'apologie de la fermeté, seule attitude capable de générer des chrétiens « irréprochables et purs […] sans tache au milieu d'une génération tortueuse et pervertie » (Philippiens 2, 15), je ne sais pas qui aura le plus besoin de réconfort ! Car si la Miséricorde qui permet « un regard sincère » sur nos frères et sœurs n'a pas réussi à toucher son cœur, peut-être la Miséricorde, cette dague du XIIIe siècle permettant de traverser les armures les plus imposantes et d'ébranler celui qui se sent protégé par son harnois, fera-t-elle son effet ? Pardonnez, François, mes pensées violentes. J'ose imaginer que celui qui a fait enlever toutes les protections de sa papamobile au risque d'être touché personnellement par un poignard malveillant, me comprendra lorsque je lui confie ma vie sans aucune armure rassurante.

Pax tecum.

Mardi 1er mars 2016 – 17:11

Objet : Réponse d'un auteur

Ave,

Vous ai-je dit que j'avais déjà publié deux livres, très différents l'un de l'autre ? Sans doute pas. Cette longue série de mails n'est pas, je vous rassure, une campagne publicitaire d'un type nouveau, fondée sur les principes clés de la manipulation moderne.

Deux livres, donc. Un roman pour dénoncer une injustice ecclésiale *in tempore* très *suspecto* de votre prédécesseur, quand son désir obsessionnel de résoudre le schisme intégriste a conduit à des déboires et des errements que je n'arrive pas à accepter. Puis un essai sur deux conversions contemporaines, au cœur de l'Italie fasciste ou post-fasciste ; celle d'un paysan des Pouilles qui s'autoconvertit au judaïsme dans les années 1920, et celle d'Israël Zolli, grand rabbin de Rome qui, après la guerre, se convertit au catholicisme. Pour tout vous avouer, je suis en train d'écrire un essai sur le *Journal d'un curé de campagne* de Bernanos. C'est pour cela, d'ailleurs, que je le relis avec tant d'intérêt et que je le cite souvent, car un nouvel éditeur souhaiterait publier un livre pour célébrer les quatre-vingts ans de sa parution.

Si je vous parle de ces livres, ce n'est donc pas pour que vous vous précipitiez chez votre libraire, mais parce que j'ai rencontré à Paris, dans le quartier Saint-Germain-des-Près, un ami auteur dont j'aime beaucoup l'écriture. Nous sommes allés manger chez Lipp (je vous conseille le steak tartare, une merveille) et, au terme d'un repas bien arrosé, je lui ai confié notre secret. Pour être précis, « mon » secret, puisque j'ignore encore si nous le partageons. Le lendemain, je lui ai envoyé les mails que vous avez reçus – vous me pardonnerez, je l'espère.

Lui du moins m'a répondu. Je vous retranscris cette réponse, qui vous effraiera peut-être !

Cher Francis,

Ave, comme tu dis… Tu m'as fait l'amitié de me faire lire tes mails adressés au pape. Je t'en suis très reconnaissant. Je connais tous tes livres et notre amitié, depuis quelques années, ne fait que se renforcer, malgré le fait (ou grâce à cela, sans doute) que tu sois prêtre catholique et moi, juif athée (mais oui, cela existe).

Tu ne seras pas surpris si je dis qu'à mon avis, ton illustre destinataire ne te répondra pas. On ne sait jamais, cependant. Il me semble que dans la Bible, Dieu ne répond jamais directement. Plutôt que ta formule de salutation, j'aimerais lui dire : « François, surprenez-nous (encore) ! »

Mais je voulais aussi te faire part d'un sentiment général qui s'est renforcé au gré de cette lecture, un sentiment que notre fréquentation avait déjà vu naître : ton obéissance m'étonne, et me choque parfois. Où as-tu été chercher que l'obéissance était une vertu, alors qu'elle n'est, le plus souvent, qu'une soumission ? Que cette soumission soit parfois justifiée par des impératifs supérieurs, c'est un fait ; et que, dans ce cas, le groupe en fasse une vertu, c'est évident. Mais dans les questions difficiles que ta correspondance soulève, il me semble que l'obéissance est souvent un fer qui t'empêche d'aller là où tu devrais. Elle devient un confort. Peut-être même, parfois, une lâcheté, ou pire (je pense à ce prêtre dont Camus raconte l'effroyable comportement dans ses *Lettres à un ami allemand*).

Tu me réconforterais, mon cher Francis, en mettant à mal ce principe d'obéissance. Quitte, au final, à y revenir. Ce serait ton choix et ta liberté.

Que dirais-tu de renouer avec la *disputatio* ? Par mails, bien entendu. Nous nous lancerions mutuellement des défis…

François, voilà des mois que je vous écris. Le bon ange ne répond pas ; le satan s'en donne à cœur joie…

Réconfortez-moi ! Donnez-moi quelques arguments !

Pax tecum.

Mercredi 2 mars 2016 – 0:36

Objet : Solitude et célibat

Ave,

En relisant mon dernier mail (dernier en date, rassurez-vous…) sur cette demande de baptême, j'ai songé à un autre aspect de notre vie, à nous prêtres, qui peut être si prenant, si pesant… ou pas.

Je veux évidemment parler du célibat.

Je suis convaincu que bientôt, des hommes mariés et ordonnés pourront offrir aux communautés la célébration eucharistique, surtout dans les zones rurales où le déficit de vocations crée des manques importants. Je dis : des hommes, mais pourquoi pas des femmes ? Mais en ce qui me concerne, au risque de vous surprendre, je suis ravi d'avoir choisi le célibat. Pour être franc, je n'ai pas vraiment eu le choix ; mais si je l'avais eu, je pense que je n'aurais pas hésité.

Pourquoi ?

Pas pour les raisons qui sembleraient les plus évidentes. Pas parce qu'il m'offrirait des avantages qui m'auraient été interdits en tant qu'homme marié. Je ne crois pas non plus que le célibat accroisse notre disponibilité, les possibilités de liens, la faculté à pénétrer tous les milieux.

J'aime ce célibat parce qu'il est avant tout une voie spirituelle. Je sais, il est de bon ton de s'extasier devant les moines tibétains, c'est très tendance ! Mais cet engouement m'énerve. Pourquoi le célibat des prêtres catholiques ne répondrait-il pas aux mêmes exigences spirituelles et ascétiques ?

Bien sûr, il faut renoncer à la fécondité, à l'enfant, à la descendance. Mais cela empêche-t-il l'épanouissement ? Un temps, je l'ai cru. Il y a dans la chair un désir d'engendrement, au-delà du seul désir charnel. Comme je regarde tout avec les yeux de la foi, je pense que c'est

Dieu qui a inscrit ce désir en nous ; mais peut-être n'est-ce qu'une pulsion vitale, cette vie qui nous dépasse et cherche à se maintenir de toutes les manières possibles, à travers le plus grand nombre et la plus large variété d'organismes. Toujours est-il que j'ai fini par conclure que la transmission de son sang – ou plutôt de ses gènes – ne signifie pas grand-chose. Je me souviens de mon grand-père, mais je ne sais rien de son père ; quel souvenir familial dépasse la troisième génération ? Et puis, surtout, d'où vient et que justifie cette obsession si répandue de « laisser des traces » ?

Pour autant, je refuse aussi qu'on idéalise le célibat des prêtres et que l'on utilise cet argument pour défendre le caractère sacré de la vocation. Il ne faut pas être un héros pour être célibataire. Peut-être le faut-il plus pour être marié toute une vie avec la même personne… Et cette condition ne nous retranche pas de la condition humaine « normale ». Considérer l'inverse, c'est à coup sûr devenir anormal, plutôt qu'extraordinaire.

Pour ma part, j'aime les liens, j'aime être en lien. Si j'ouvrais un compte Facebook, j'accumulerais des milliers d'amis. Mais il me faut le contact direct, le vrai, le sensoriel, le charnel. Je n'arrête pas de faire des rencontres et rien n'est plus enthousiasmant, plus enrichissant.

Sauf que, bien sûr, cette vie trépidante ne m'empêche pas de me retrouver tout seul comme un idiot devant mon assiette. Le dimanche matin, je suis entouré de centaines de personnes et puis, d'un coup, je me retrouve seul. Chaque soir, je rejoins des groupes ; mais pour me coucher, je rentre dans une maison marquée du sceau de la solitude. C'est parfois insupportable, s'il n'y a pas d'amis.

Se pose alors une question, qui n'est que rarement évoquée. Comme si, de nous refuser l'amour et le mariage, on ne voulait pas nous accabler. Je la pose pourtant : le célibat du prêtre permet-il vraiment l'amitié ? À partir du moment où le fondement de cet interdit vise à éviter tout lien privilégié, pourquoi l'ami serait-il autorisé ? Le célibat ne serait-il qu'une question de sexualité ? Ce serait mesquin, non ?

Longtemps, je me suis contenté de relations fraternelles avec des confrères, des paroissiens, des familles, des groupes. Je ne songeais même pas à l'idée d'avoir un ami.

Et puis, la vie a fait son œuvre et j'ai eu un premier ami, une première amie. Je me suis retrouvé au restaurant pour un dîner seul avec une femme. Je n'ai pas pleinement profité de la soirée... Vous devinez, n'est-ce pas, ce réflexe que notre religion a si profondément inscrit en nous depuis des siècles, cette sacrée culpabilité, et la crainte de la diffamation, de me voir accusé d'avoir une maîtresse ! La rumeur, les ragots, la calomnie... Sans que personne ne songe, d'ailleurs, que le plus calomnié des deux pourrait être la femme !

Mon curé de Bernanos a eu la même révélation : « *Je viens de faire une rencontre. Oh ! une rencontre bien peu surprenante, en somme !* [...] *j'ai rencontré, je crois, un ami, j'ai eu la révélation de l'amitié.* »

Aujourd'hui, je ne pourrais plus me passer de ces liens. Pour être précis, je cesserais d'être ce que je suis si j'y renonçais – et plus encore, évidemment, si on me forçait d'y renoncer. Souvent, nous, prêtres, nous évoquons des principes et des idées qui restent dans l'éther ; aujourd'hui, je sais que ce n'est que dans l'amitié que j'éprouve en vérité l'amour dont je parle dans mes prédications. Mon curé de campagne est d'accord avec moi (et vous aussi, je l'espère) : « *Je comprends maintenant que l'amitié peut éclater entre deux êtres avec ce caractère de brusquerie, de violence, que les gens du monde ne reconnaissent volontiers qu'à la révélation de l'amour.* »

Le livre des Proverbes (17, 17) constate que l'ami aime en tout temps et se montre frère dans le malheur. C'est l'amitié de Jésus pour Pierre qui lui a permis le pardon : « M'aimes-tu ? » L'amitié est un face à face qui déshabille, ne laisse rien passer et fait œuvre de Miséricorde, car elle est affaire de cœur...

Je remercie toutes ces amitiés qui ont respecté mon choix du célibat et l'ont renforcé en me montrant combien il est lumineux. Merci au partage, au futile, au bonheur offert ! Merci pour le ski, les concerts, les bouffes, les dégustations, l'opéra, les fêtes de Bayonne, la voile, le théâtre, les bières, les conférences, les blagues douteuses, les débordements, les discussions de comptoir, les rires idiots, les corridas, les pleurs, les émotions… la vie !

« *Sola, soletta, la pastorella, cantanto, va*[44]. » C'est l'air de *Pulcinella* pour mon enterrement. Les ami(e)s ont fait chanter mon célibat.

Je vous devine fronçant les sourcils. Celui-là, pensez-vous peut-être, il est mûr pour défroquer. Quitterais-je un jour le célibat ? Je n'en sais rien. Laissez une fois encore le jeune abbé répondre à ma place : « *Écoute, si j'avais le malheur un jour de manquer aux promesses de mon ordination, je préférerais que ce fût pour l'amour d'une femme plutôt qu'à la suite de ce que tu nommes (mon) évolution intellectuelle.* »

François, avez-vous des amis, des vrais, auprès de vous ? Ils vous réconforteraient.

Pax tecum.

Jeudi 3 mars 2016 – 23:56

Objet : C'est pas maintenant

Ave,

Il y a un quart de siècle, si l'on met de côté les prêtres ouvriers et les aumôniers, un prêtre passait l'essentiel de son temps à célébrer les sacrements. La demande était forte et presque tout le monde estimait être en droit ou en mesure de les recevoir. Mais la société a changé, les temps aussi. Le changement est même devenu la loi ; plus rien n'est figé. « Le changement c'est maintenant ! » : un slogan qui marche… Je peux concevoir que certains prêtres préfèrent invoquer la Tradition pour prêcher l'immobilisme, mais je fais partie de ceux qui essayent d'inventer de nouvelles formes de célébrations. Pour beaucoup, « le sacrement, c'est pas le moment ». C'était d'ailleurs le thème de notre soirée à Ophel. Passionnant ! Un jeune nous a donné une image que seule sa génération peut inventer et que vous ne comprendrez que si vous avez un téléphone portable – ça me donne d'ailleurs une idée ; si j'ai réussi à obtenir votre adresse mail, je devrais arriver à me procurer votre numéro… – et si, le cas échéant, c'est vous qui vous occupez de l'abonnement. Aujourd'hui, l'offre de l'Église en matière de célébrations devrait évoluer comme lorsqu'on passe d'un forfait bloqué à un forfait illimité. Quand on lit attentivement les offres, on se rend compte que le côté « illimité » n'est pas infini ; pareil pour les célébrations. On n'est pas tombé non plus dans l'univers du « *no limit* », mais cela suppose tout au moins une remise en question.

Bref, pour rester dans cette parabole, nous avons parlé des nouveaux forfaits possibles. Pendant toute la soirée, je pensais intérieurement que, même s'ils permettent de toucher plus de monde, il m'arrive d'éprouver une certaine nostalgie, voire une forme de jalousie pour les confrères qui en sont restés à l'ancien tarif… Il était plus reposant.

Pourtant, je ne suis pas comme le curé de Bernanos qui pouvait affirmer appartenir « *à une espèce d'hommes naturellement peu disciplinés dont mes supérieurs ont bien raison de se méfier* ». Mon problème est au contraire d'être trop obéissant.

C'est un groupe de cinq qui a préparé le partage. Ils avaient fait beaucoup de battage, il y avait beaucoup de monde, plus d'une centaine de personnes. Ils avaient aussi fait appel à trois couples témoins. Je n'en connaissais aucun.

À ma grande surprise, ils avaient aussi invité un prêtre, nouveau venu dans ce lieu. Il a pris la parole en premier : « L'autorité à laquelle nous nous soumettons nous éloigne, par principe, du réel, puisqu'elle nous offre une grille de lecture et un *modus operandi* qui nous épargnent la réflexion et l'analyse de ce réel. Pour autant, il faut peut-être résister à la tentation de croire que le réel se résume au « terrain ». La réalité est insaisissable dans sa globalité ; nous la percevons toujours subjectivement et nous peinons tous à raccorder notre petit bout de lorgnette à une vision d'ensemble. »

Il nous a dit des paroles un peu choc – je ne connaissais pas ce prêtre sous cet aspect – sur la tension pastorale qu'il vivait entre les cas particuliers qu'il avait à gérer – son quotidien – et les normes canoniques qu'il avait du mal à respecter. Il vous a même plaint, François, vous qui devez avoir une parole pour tous, *Urbi et Orbi*. Il préfère pour sa part avoir un mot pour chacun.

La foule présente l'a applaudi. Il en était très gêné. Puis un premier couple s'est avancé : un veuf et une veuve très pratiquants et très investis dans la vie paroissiale. Leurs soucis naissent de la conjonction néfaste de l'Église et de l'État, lesquels, en France, ne sont séparés qu'en théorie. L'État ne permet pas à l'Église de célébrer des mariages si les couples ne sont pas passés au préalable devant le Maire. Or, ces « fiancés » désirent se marier mais ne peuvent le faire au civil, pour des raisons fiscales. Ne me comprenez pas mal : ils n'ont pas de comptes en Suisse, et ne cherchent pas à éluder le fisc ! Simplement, selon la loi française, un mariage retirerait à la femme la pension de réversion de son premier mari. Or, cet argent est indispensable pour lui permettre d'entretenir les biens qu'ils avaient acquis ensemble, lesquels reviendront à ses enfants. Au passage, vous notez que c'est, une fois encore, une loi qui porte préjudice aux femmes… Si donc, elle se remarie civilement, ses enfants subiront une grande injustice.

Nombre d'autres religions, voire de traditions chrétiennes, se fichent pas mal de l'acte civil. Et à raison ; pourquoi une alliance spirituelle entre deux êtres devrait-elle être cautionnée par un acte civil, surtout lorsque la loi génère des injustices ? Je n'ignore pas combien cette proposition met à mal les principes de la théologie matrimoniale, mais il est bon parfois de remettre en question ce que mon curé bernanosien appelle « *des habitudes, parfois même un simple vocabulaire dont les termes sont* [si] *bien polis, rognés par l'usage* ».

Le curé de leur paroisse va heureusement les accueillir avec leurs enfants et leurs familles pour un beau temps de prière. Ils auraient préféré recevoir le sacrement de mariage, mais pour eux, ont-ils dit avec un beau sourire, « le sacrement, c'est pas maintenant ! ».

Applaudissements.

Deuxième couple : un homme « divorcé-remarié » et son épouse. Du Synode sur la Famille, ils ont retenu les paroles sur la beauté du mariage, ses fondements bibliques, la spiritualité du couple ou l'éducation des enfants. Ils ont exprimé leurs regrets de voir leur « cas » si peu pris en considération. Puis ils ont parlé du divorce. Le mari a exprimé la douleur provoquée par la rupture ainsi que le temps de désillusion qui a suivi. Le sentiment d'échec lié au regret : « On aurait pu… » Il a eu les mots justes qui ont laissé transparaître la cicatrice laissée par l'ancienne histoire. Son épouse, de par son éducation familiale, a eu du mal à imaginer qu'elle pouvait se marier avec un divorcé. Il lui a fallu beaucoup d'amour et de nuits blanches pour dépasser ses appréhensions et les jugements qui, sans nul doute, allaient alimenter les fins de repas familiaux.

Ensemble, ils nous ont parlé du parcours du combattant pour trouver un prêtre qui accueille leur histoire et les accompagne dans la foi. Beaucoup n'avaient comme solution que l'annulation du premier mariage, tout en disant que souvent les voies du droit canonique sont impénétrables…

Finalement un prêtre a ouvert sa porte, a pesé « le cœur pur, la conscience droite et la foi sans détours » (1 Timothée 1, 5) des deux, puis les a aidés à préparer une « célébration de l'alliance », certes pas sacramentelle parce que, pour eux aussi, « le sacrement, c'est pas maintenant ! ». Après avoir brièvement décrit ce temps de prière, ils ont eu ces mots conclusifs très réfléchis : « Cet accueil ecclésial a reposé sur la *confiance* en la *conscience* de chacun que le Concile a si bien définie comme "le centre le plus secret de l'homme, le sanctuaire où il est seul avec Dieu et où sa voix se fait entendre[45]." C'est pourquoi nous nous réjouissons de lire dans le texte final du Synode que le discernement pastoral doit se préoccuper de nous, "en tenant compte de la conscience de chacun formée de façon droite." Alléluia ! Alléluia ! »

Applaudissements.

Un dernier couple a fait mon bonheur. Ils avaient un look post-ado, des visages très expressifs d'une joie venant à la fois de leur jeune bonheur de couple et de la confiance qu'on leur a témoignée en leur demandant de prendre ce soir la parole. Je résume leur cas : ils s'inscrivent dans leur paroisse en vue d'un mariage « à l'église ». Pendant la préparation qui les a aidés à bien réfléchir sur la qualité de leur relation, ils réalisent qu'ils ne sont pas au clair avec la foi – les deux ont été baptisés enfants et n'ont pas fait de catéchèse. Ils en parlent avec le curé qui doit les marier et décident ensemble de ne pas recevoir le sacrement de mariage, parce que « le sacrement, c'est pas maintenant ! ». Le prêtre les accueillera pour un temps de partage et de prière. Ils se sentent plus à l'aise.

Au final, la célébration qui a eu lieu l'été dernier a été « topissime ! » selon leurs dires. Ils continuent à voir le prêtre… et viennent de décider, avec seulement leurs témoins et leurs parents, lors de la prochaine nuit pascale (ça a du sens aujourd'hui pour eux) d'échanger leurs consentements et s'offrir ainsi, finalement, le sacrement.

Tonnerre d'applaudissements.

J'ai été long, François, mais à Ophel, ce soir, le ciel était limpide, sans nuage, recevant le témoignage d'une Église ouverte aux chemins si divers de celles et ceux qui la construisent. Je me reconnais dans ces prêtres qui tentent de faire face à ces demandes en mal de réponse et qui sont très désarmés, l'Église ne les soutenant pas, c'est peu de le dire. Avec eux, au-delà du sacrement, je privilégie la prière : « Pris parmi les hommes, le prêtre est établi pour intervenir en faveur des hommes dans leurs relations avec Dieu. » (Hébreux 5, 1) Tous les hommes, toutes les femmes ; et une relation qui n'est pas seulement sacramentelle. Que ce soit dans ou hors les murs…

François, n'oubliez pas que nous attendons de vous beaucoup de réconfort.

Pax tecum.

Vendredi 4 mars 2016 – 23:46

Objet : Confession

Ave,

Il y a des anniversaires heureux et d'autres qui réveillent des douleurs passées, les remettent en plein jour alors que l'on s'épuise à les enfouir. Je me suis toujours demandé si la date de mon anniversaire faisait resurgir dans la mémoire de ma mère les douleurs de l'accouchement…

Ce jour fut un anniversaire sans joie pour Bertrand, cet homme qui m'a appelé cet après-midi et que je n'ai pu recevoir que très tard.

C'est dans sa voiture, sur le chemin du travail, écoutant une radio chrétienne, qu'il a appris que l'on célébrait aujourd'hui les 24 heures pour Dieu, selon votre souhait. La concordance entre l'anniversaire et l'objet de cette annonce radiophonique l'a tétanisé au point de s'arrêter à la première station-service pour y prendre un café. Et la décision d'aller se confesser, entre midi et deux.

Il a la quarantaine, vit dans un bonheur familial sans souci lorsque la nouvelle arrive : la quatrième grossesse de son épouse aimée se passe mal. L'enfant ne sera pas viable, elle est en danger et seul un avortement pourrait la sauver.

C'était il y a quinze ans. C'était un 4 mars. Depuis tant d'années, il a essayé d'oublier, de supporter. Mais « *qu'est-ce que la résignation, sans la joie ?* » se demande mon cher curé de campagne.

Il n'en a parlé à personne, ni en famille, ni dans les groupes paroissiaux auxquels il participe. Devant un interdit absolu, sans le moindre bémol, pas de discussion possible. Un impératif fondamental : la vie ! Il a même eu peur d'aller partager avec un prêtre, sachant que le seul mot associé à l'avortement est aussi tranchant qu'une épée : « excommunication »…

Ce soir, il a enfin parlé. Il m'a dit ces années silencieuses, même au sein de son couple. Il m'a confié ses pleurs lorsqu'au cours d'une célébration a retenti dans l'église l'appel de Deutéronome (30, 19) : « Choisis la vie ! » Il m'a confié sa solitude. Il a crié sa détresse.

J'arrête là, François. Quand vous étiez en Amérique latine, je suis sûr que vous avez dû, vous aussi, en accompagner, de ces désespérés. Vous qui restez silencieux à mes mails depuis si longtemps, ne venez pas maintenant répondre par un mensonge. Comme moi, chaque fois, vous avez dû vous poser les mêmes questions : Que faire ? Quoi dire ? Écouter ? Fuir ? Ouvrir mon cœur ? Botter en touche ? Fermer ma porte ?

J'arrête là, François, parce que je ne vais pas vous demander de « légaliser » l'avortement dans l'Église. Je ne pense pas être encore assez fou. Mais je veux vous faire part de mon énervement ce soir pour ce que cet homme vient de vivre aujourd'hui… au nom de l'Évangile et de l'Église.

À la pause déjeuner, il est donc allé voir un prêtre ; après tant d'années, ces 24 heures n'étaient-elles pas le moment opportun pour aller vivre un temps de réconciliation, renouant avec ce sacrement délaissé depuis l'enfance ? Habitué de l'Évangile de Jean qu'il a travaillé l'an dernier avec un groupe, résonnait en lui le verset 3, 17 : « Dieu n'a pas envoyé son Fils pour juger le monde, mais afin que le monde soit sauvé. »

Mais tout ne fut que jugement. Déranger un curé à l'heure du repas : première faute. Ne pas s'être confessé depuis des années et avoir communié quand même : deuxième. Et quand il a osé partager ce qu'il amenait là : faute impardonnable, tache tellement grave pour laquelle n'existait aucune lessive. « Mais enfin, Monsieur, vous êtes donc sous le coup d'une excommunication *latae sententiae* et je n'ai pas les pouvoirs de vous défaire de cette condamnation. Il vous faut aller voir un prêtre pénitentiaire. » Il n'était pas très bien en entrant chez ce prêtre ; il en est ressorti détruit !

François, votre description du confesseur dans la Bulle *Misericordiae Vultus* exige de lui d'être « le signe du primat de la Miséricorde », en manifestant « la continuité d'un amour divin qui pardonne et qui sauve ».

Nous sommes là pour *accompagner*. Le compagnon est celui qui partage le pain, et donc la vie ; c'est peut-être le plus pur synonyme de « chrétien ». Lorsque j'ai lu votre Exhortation apostolique et plus particulièrement le paragraphe 49[46], j'ai ressenti un bien-être, un soulagement infini. J'ai repensé aux paroles de l'évêque, le jour de mon ordination ; plutôt présenter des mains sales d'avoir approché et partagé dans l'esprit du Christ l'horreur de la vie humaine que les mains propres d'un non-engagement. Pilate a les mains propres. Ce prêtre aussi, les ayant lavées au savon de l'obéissance aveugle. Si on se faisait un Skype, je pourrais vous montrer l'état des miennes.

La foi de Bertrand était assez forte pour dépasser l'horreur de ce qu'il venait de vivre. Mais lorsqu'il est venu chez moi, orienté par un ami commun, il m'a aussitôt confié que les paroles entendues lui avaient donné l'envie de fuir, de quitter une institution qui permet de tels jugements. Puis ce fut un moment exceptionnel. Il a déposé le verset du Deutéronome, je lui ai lu Genèse 32, le récit du combat de Jacob à l'issue duquel ce dernier est ressorti plus fort, rebaptisé Israël, « Fort contre Dieu » et renouvelé dans sa foi : « J'ai vu Dieu face à face, et ma vie a été sauve. »

L'ayant toujours en tête, je n'ai pas pu m'empêcher de citer Bernanos évoquant les moments où la vie nous oblige à affronter Dieu : « *Cela force un homme à s'engager à fond – à engager à fond l'espérance, toute l'espérance dont il est capable.* » Péguy chante cette « petite fille de rien du tout... qui a l'air de se traîner » sur le chemin. L'Espérance est un combat dont la seule arme est la Miséricorde. Nous sommes restés en silence avant de célébrer simplement la réconciliation. Nous ne pouvions plus rien nous dire car nous avions été touchés par la Présence divine. Et là, il n'y a pas de mots.

Il vient de partir. Il veut arriver chez lui avant que sa femme soit couchée. Il veut lui parler afin de rompre ce trop long silence et lui faire entendre le doux bruit de la source d'où jaillit l'eau pure de la renaissance.

Je ne connais que son prénom. Je sais tout et rien de lui. Sûrement ne nous verrons-nous jamais plus.

En vous écrivant, je ne pense pas d'abord à lui mais à ce prêtre qui a été non seulement dans l'erreur canonique – il ne sait peut-être pas qu'aujourd'hui tous les prêtres reçoivent le « pouvoir » (quelle horreur !) de relever d'une peine ecclésiastique (quelle autre horreur !) – mais surtout contre-témoin de l'Évangile. Heureusement Bertrand ne m'a pas dit son nom…

Je pense aussi à toutes les personnes que j'ai pu accompagner dans les moments si compliqués, si durs, si angoissants d'un avortement… Vous me comprendrez certainement si je vous dis qu'à ces moments, je me suis toujours senti comme crucifié avec le Christ ? « Dès lors, que personne ne vienne me tourmenter, car je porte dans mon corps les marques des souffrances de Jésus. » (Galates 6, 17) Ne me prenez pas pour un laxiste qui brade la Parole. Ne pensez pas que je sois prétentieux au point de me situer au-dessus de la loi. Je cherche l'attitude juste, fixant les yeux sur Jésus seul, à la manière de Pascal, celui des *Pensées* et du « Pari » : « La connaissance de Dieu sans celle de notre misère fait l'orgueil. La connaissance de notre misère sans celle de Dieu fait le désespoir. La connaissance de Jésus-Christ fait le milieu parce que nous y trouvons et Dieu et notre misère[47]. »

Je crois avoir ce soir réconforté Bertrand. Ni orgueil ni désespoir : seulement la Miséricorde dans le Christ. Vous me réconforteriez, François, en enlevant les fardeaux et les peines canoniques que l'Église impose, et en les remplaçant par des paroles lumineuses qui pacifient !

Pax tecum.

Dimanche 6 mars 2016 – 22:41

Objet : La Prière

Ave,

Rien n'est plus difficile à interpréter que le silence. Devant le vôtre, je me raccroche au proverbe : « Qui ne dit mot consent ! » Vous êtes donc consentant…

En ce dimanche, nous sommes allés à Ophel pour la journée. Il faut du temps pour parler du thème choisi : la prière.

François, priez-vous ?

Question stupide ! Demande-t-on à un médecin s'il ausculte, à un enseignant s'il enseigne ? À une prostituée si elle fait l'amour ? Personne ne vous a jamais posé cette question, j'imagine. À moi non plus. Un prêtre, ça prie, non ?

Non. Ça ne va pas de soi. L'imposition des mains et l'onction d'huile le jour de l'ordination ne font pas de nous des priants. La prière est un chemin, et tous les prêtres, tous les moines, tous les croyants ne l'empruntent pas. Ou pas avec la même détermination. L'Église le sait, qui a prévu des ordres plus ou moins dévolus à la prière.

Étant dans l'équipe de préparation, j'ai un peu influencé le discours en demandant à Claire, une amie religieuse qui vit dans le couvent que nous avons rejoint, de donner son témoignage. Je connais bien son chemin, nous étions très copains à vingt ans… Le jour où elle a découvert l'univers insondable de la vie spirituelle, elle s'est plongée corps et âme dans cette galaxie, cet abîme. Plongée comme un cavalier solitaire. Pareil à Quijano se muant en chevalier errant sous le nom de Don Quichotte, elle s'est élancée sur les chemins de la perfection aux côtés de Thérèse d'Avila, elle a gravi le mont Carmel avec Jean de la Croix, elle a aspiré au détachement avec Maître Eckhart, elle a monté les sept marches de l'escalier de l'amour spirituel décrit par Ruysbroeck, elle a dévoré les règles de Benoît et Augustin. Et puisque la mystique n'a pas de frontière, elle s'est laissée séduire par le Tsimtsoum de la Kabale, elle a fondé sa chasteté dans le *Tao* de Lao-Tseu, elle s'est laissée aspirer par l'ésotérisme du soufisme et a fantasmé sur la fidélité à l'esprit traditionnel, sur les traces de René Guénon. D'autres auteurs l'ont nourri alors : Mircea Eliade, Raimon Panikkar, Henri Le Saux. Les expériences les plus radicales – Madeleine Delbrel, Etty Hillesum, Charles de Foucault – la fascinaient, eux pour qui l'unique solution mystique passe par l'anéantissement personnel et le sacrifice absolu.

« Des petits bonbons flatteurs et séducteurs. Comme Quichotte, je me suis crue spirituelle parce que je lisais des spirituels. Illusion… »

Par chance, elle a rencontré son Sancho : l'ancienne prieure du couvent, une « femme de bien » avec du plomb dans la cervelle. Elle lui a interdit ces lectures et les a échangées contre une promesse : seule l'expérience de la prière est prière.

Elle a affirmé devant les Ophéliens médusés qu'elle n'aurait pas pu rester au couvent si elle n'avait pas fait ce long chemin de désappropriation du rêve mystique pour entrer dans le réel.

« Depuis, pareil au petit saint Placide, j'ai découvert que la vie spirituelle était d'abord une vie. Et c'est elle qui, petit à petit, devient spirituelle. À présent, ma prière n'est plus une recherche introvertie et égoïste, dont la finalité serait un équilibre personnel ou, plus orgueilleux, l'harmonie universelle. Elle est, à la manière de Thérèse d'Avila, un dialogue intime d'amitié où je m'entretiens seule à seul avec Dieu dont je me sais aimée. »

« Si la prière est un dialogue d'amitié, je ne m'y mettrai jamais. C'est Oscar Wilde qui dit détester les discussions parce qu'“elles vous font parfois changer d'avis”. » Ça, c'est Stéphane, le plaisantin Ophélien qui a toujours une blague plus ou moins douteuse sur chaque sujet.

Cette savoureuse provocation nous a conduits à évoquer la prière d'Abraham (Genèse 18, 23). Son dialogue avec Dieu qui voulait punir

Sodome de son infidélité s'est transformé en une négociation, un marchandage de Miséricorde. S'il ne reste que dix justes, tu ne la détruiras pas ; et s'il n'en reste que cinq ou trois ? La Miséricorde, ce mot que l'on sert à toutes les sauces cette année, n'est pas innée. Ce beau texte de la Genèse (18) nous dit avec humour que Dieu même a besoin d'entendre les arguments d'un homme pour s'engager sur cette voie. On peut aussi le lire à l'envers : c'est en entrant dans le dialogue avec la Parole divine que l'homme se laisse transformer. La Miséricorde est le fruit de la prière. L'homme qui entre dans la vie spirituelle doit accepter de se laisser conduire par Celui qui se découvre peu à peu à lui. Il ne peut que changer à son contact, « renouveler sa manière de penser », dit Paul aux Romains (12, 2).

Stéphane a alors eu recours à une parabole improbable au temps du Christ mais si compréhensible aujourd'hui : « La prière, c'est le Photoshop à travers lequel Dieu fait des retouches pour que nous devenions, de clic en clic, un peu plus ressemblants à son image. » C'est tellement juste que vous pourriez le proclamer Docteur de l'Église !

François, vous devez vous demander si je prie… Oui, ma place de priant, je l'occupe pleinement lorsque, à travers la prière de l'Église, j'offre des mots à une famille en deuil, muette. Lorsque je prends la main d'un malade et prononce pour lui un « Notre Père » qu'il n'a plus la force de réciter. Lorsque je bénis une maison dont les occupants me disent qu'ils ne s'y sentent pas bien, manière d'avouer à leur insu qu'ils ne sont pas bien. Lorsqu'une personne vient me confier sa vie et que je l'aide à la confier à Dieu. Et lorsque l'assemblée du dimanche dépose ses intentions sur l'autel et me demande de les présenter au Christ comme une offrande.

Je prie aussi, dans le secret de ma chambre.

Et vous, François, priez-vous ? Ce soir, priez pour sœur Claire, pour moi et pour ceux qui ont besoin de réconfort.

Je prierai pour vous, même si ces mails semblent être un dialogue de sourds.

Pax tecum.

Jeudi 10 mars 2016 – 19:44

Objet : Obéissance

Ave,

Vous ne connaissez certainement pas Marc Lavoine qui chante : « Elle a les yeux-révolver, elle a le regard qui tue… » Vous devez en croiser de ces regards qui, non seulement vous jugent, mais aussi vous accusent et vous exécutent sur le champ. Comme celui de cet homme rencontré aujourd'hui, qui ne peut pas supporter que son frère m'ait demandé de célébrer son mariage, moi ce prêtre si peu ecclésiastique. Il y a quelques années, ce regard aurait été une arme réelle capable de me déstabiliser. Aujourd'hui – ma vue a-t-elle baissé ? – je n'y suis plus trop sensible. Mais quand même, il salit et exclut. Jésus l'a vécu. Après avoir touché un lépreux impur, les yeux de ses contemporains l'ont condamné, l'ont traité comme étant lui-même impur, au point « de ne plus pouvoir entrer ouvertement dans une ville » (Marc 1, 45). Le Christ a été envoyé aux enfers parce que, n'observant pas scrupuleusement la loi aux yeux de ses contemporains, il s'est fait « péché », comme le dit saint Paul. De fait, il ne l'observait pas ; il l'accomplissait. Pire, il mangeait avec des pécheurs, sans gêne.

François, j'espère pouvoir dire que tous mes choix, toutes mes options pastorales prennent leur origine dans une volonté déterminée de suivre ce même Christ. Lui que je considère avec Hans Küng comme la personne « capitale, décisive et normative de ma relation avec Dieu, avec les autres hommes et avec la société[48] ».

Certains pensent que ces choix sont déterminés par la volonté d'être laxiste afin de plaire à tous. On m'accuse de cacher l'exigence évangélique, de n'être pas assez prophétique en ne dénonçant pas le « péché », de paraître toujours sympathique pour attirer l'amitié. Suis-je vraiment aussi narcissique ?

D'autres estiment que je pense mal, que je me laisse influencer par l'air du temps au point d'en perdre ma capacité de discernement.

S'ils savaient combien l'exigence d'accueillir toutes les situations humaines me coûte parfois… J'ai beau savoir, depuis que Bernanos me l'a confirmé, que « *le démon de l'angoisse est essentiellement* […] *un démon impur* », j'ai quand même la sensation de plonger dans le vide de l'incertitude lorsque je prends la décision de rejoindre ou « toucher » ce que le monde appelle lèpre ou impureté.

François, soyons francs : je pense que je suis incurable. Jusqu'à mon dernier souffle, mon âme sera portée par ce flot de points d'interrogation. Mais faites-moi confiance : jusqu'au bout, je lutterai avec force et rage pour garder la tête hors de l'eau. Il n'y a pas, à mes yeux, de relation plus profonde qui puisse s'installer entre le Christ et moi que lorsque j'offre mon entière confiance à sa parole et à sa promesse. Comme le dit votre blason, Il a un regard qui fait Miséricorde. Vous dites dans votre Bulle que « son partage avec ceux que la loi considérait comme pécheurs fait comprendre jusqu'où va sa Miséricorde ». Et tant pis ou merci si, ce soir, je garde en moi comme une écharde le souvenir de ce regard tranchant comme une « Miséricorde » ; il me rapproche du Christ. Lui seul connaît mon cœur, mes intentions. Il sait toute chose.

François, j'ai lu quelques passages où, à cause de votre ouverture, vous êtes accusé d'antéchrist. Ce ne sont plus des regards mais des articles-révolver qui vous vouent aux gémonies et vous destinent à l'enfer ! Gardez le cap, surtout… et dites-moi comment vous faites.

Et nous nous réconforterons mutuellement…

Pax tecum.

P.-S. : en pièce jointe, ma petite réponse à l'ange noir qui me titille sur l'obéissance.

Pièce jointe
Je ne peux pas commencer avec toi par un Ave trop connoté catho.

Salut ami,

Contrairement à ce que tu peux imaginer dans tes fantasmes, ce n'est pas l'Église catholique qui m'a initié à l'obéissance. C'est pendant mon enfance et mon adolescence que j'ai appris cette attitude juste.

Juste, justesse. C'est le mot qui convient car n'imagine pas que j'ai été un de ces enfants qui se soumettent à l'autorité des parents ou des professeurs. Non, pas vraiment. Mais en ce qui concerne la musique, c'est une toute autre chose. J'ai eu la chance de suivre pendant des années une classe d'orchestre au conservatoire. J'étais trompette. Chance aussi d'avoir un chef d'orchestre véritablement pédagogue qui revenait souvent sur cette notion d'obéissance. Car elle est une vertu musicale.

Ob-audire… Prêter l'oreille, écouter attentivement celui qui est devant. Pour ce « chef » d'orchestre, cette définition avait un double sens : l'écouter, lui, obéir à sa baguette au nom de la cohésion de l'ensemble et écouter l'instrument voisin ou celui avec lequel on partage une ligne musicale pour être dans la bonne couleur, la bonne intensité et, disait-il souvent, la justesse.

Mes amis trompettistes ne m'en voudront pas si je confesse que nous ne sommes pas toujours finauds. Un instrument puissant, un tantinet dominateur pouvant couvrir et donc gâcher la beauté de la cadence d'un bois ou d'une corde. Tout repose sur le jeu d'écoute, de regard, d'intérêt à l'autre, sous la baguette du chef.

Voilà, cher ami, ce que j'ai appris de l'*ob-audire*. Tu le sais, j'ai, dans ma trajectoire de vie, souvent malmené ce mot en le traduisant par « se soumettre » comme si la vie et la pensée devaient être monodiques. Aujourd'hui, ma vie est redevenue symphonique.

Le chef, ne t'inquiète pas, n'est ni le pape, ni l'évêque, c'est le Christ, lui seul[49]. Sa parole fait autorité dans l'édification du « Temple spirituel ». Les chrétiens sont ces musiciens qui, dans le souffle de cette parole, écoutent leurs frères et sœurs, en particulier lorsque la partition contemporaine impose des dissonances et des déséquilibres, pour devenir « les Pierres vivantes » de ce même Sanctuaire.

Là, je commence à te citer un peu trop saint Paul. J'arrête. Ne te désole pas de mon obéissance. Elle est une horreur lorsqu'elle asservit. Elle est une chance lorsqu'elle fait œuvre de liberté. L'obéissance du Christ à ce qu'il appelait la Volonté de son Père a été jugée désobéissance. L'obéissance des pharisiens à la loi était montrée du doigt par le même Christ comme désobéissance à l'esprit du Père.
« Mieux vaut obéir à Dieu qu'aux hommes » (Livre des Actes 4, 19). Tout l'enjeu est de discerner le désir de Dieu pour l'humanité.

Quand rejoins-tu Paris ? Y viens-tu ce mois-ci ? Je vais bientôt à Bastille écouter *Don Giovanni* dans l'incroyable mise en scène de Michael Haneke. Viens, tu verras comment il analyse l'hymne de Don Giovanni à « la libertà ». Après, on pourra parler de l'obéissance !

Amitié.

Vendredi 11 mars 2016 – 0:56

Objet : Accueil

Ave,

Il est 20 heures 30. Pour une fois, vous voyez, je ne vous écris pas trop tard. Au fait, je ne me suis jamais demandé si je vous réveillais, en vous envoyant des mails au milieu de la nuit. Laissez-vous votre tablette ou votre cellulaire au chevet de votre lit, pour répondre aux urgences ou pour relever vos mails durant vos insomnies ? Je ne pense pas. Je vous imagine petit dormeur, mais bon dormeur. Du genre qui se retire dans le sommeil comme il le ferait dans la prière, en s'isolant tout à fait du tumulte du siècle.

Si j'ai avancé l'heure, c'est parce que j'attends quelqu'un. C'est une amie, visiteuse à la maison d'arrêt, qui m'a demandé si je voulais bien héberger un homme qui ne sait où loger pour sa première nuit hors de prison.

En plus de la mienne, il y a dans le presbytère deux grandes chambres avec salle de bains. Conditions royales pour un accueil royal ! Et coup de chance, une des deux est libre pour l'instant.

Cela n'empêche, accueillir ne va pas de soi. Tiens, j'y pense : puisque vous n'utilisez pas les appartements pontificaux, vous pourriez proposer d'y héberger quelques SDF romains ou quelques réfugiés comme vous avez demandé aux paroisses de le faire… Pas sûr que l'intendant du Vatican appréciera, mais je vous garantis un coup de pub phénoménal dans les médias !

Bref…

Je sais que toute question peut trouver une réponse théorique. Comme, par exemple, l'utilisation rationnelle et humaine de vos appartements. Mais en pratique, on revient souvent à la question initiale, ou la réponse proposée en suscite dix autres.

J'ai encore un peu de temps ; je pourrais en profiter pour vous raconter quelques épisodes particulièrement épiques qui touchent à l'accueil dans un presbytère. Une idée : la télé vaticane pourrait en faire une série…

Il y a quatre ans, j'accepte d'accueillir un prisonnier qu'on me présente comme exemplaire, mais qui ne peut sortir de prison que s'il a une adresse. J'ai une adresse, une chambre, une cuisine, la télé, la vie commune… J'offre ! Et bien entendu, je refuse de connaître les raisons qui ont conduit cet homme en prison.

Il débarque, baragouine un français très approximatif et vient d'un pays dont je n'ai jamais entendu parler, ou dont je ne comprends pas le nom. Et je constate que, dans la présentation du cas, on a oublié un élément de taille : il porte un bracelet électronique. Autrement dit, *ma* maison devient *sa* prison le soir et le week-end, quand il lui est interdit de sortir.

De sortir, mais pas de recevoir ; et je vois défiler des cohortes de copains et de copines qui envahissent le presbytère, au point que je me sens étranger chez moi.

Ce sont surtout des filles qui débarquent. Certaines restent dormir alors que j'ai posé comme condition l'interdiction d'inviter qui que ce soit pour la nuit. Elles se cachent, se glissent dans les couloirs, essaient de passer inaperçues…

Je sens la colère monter et je finis par demander pour quel motif il a été condamné. La réponse vient confirmer certains soupçons : proxénétisme. Et voilà un presbytère transformé en maison close !

L'affaire retournera au tribunal, et l'individu sera à nouveau jugé et condamné à quitter le territoire dans les deux jours. Ça m'arrange parce qu'il me dérange !

Alors bon, les grandes envolées lyriques sur l'accueil, excusez-moi, mais j'ai un doute. On n'accueille pas des grands principes et des situations, mais des individus, en chair et en os, avec leur caractère et les possibles incompatibilités d'humeur avec celui ou celle qui les reçoit.

Mon hôte n'est pas encore arrivé. J'ignore son nom, il n'a pas de téléphone et ne possède que mon adresse. J'espère qu'il ne tardera pas trop. Bon, je vous laisse… Je vous écrirai plus long lorsqu'il sera là, pour partager avec vous mes premières impressions. Ma mère dit toujours que la première impression est la bonne…

22:15

Ave,

Personne. S'est-il perdu ? A-t-il trouvé meilleur gîte ?

Je peux vous dire que j'ai un souhait : que ce ne soit pas un pédophile. Je sais, rien n'est impardonnable ; mais il y a des crimes qui résonnent autrement. Traumatisme imprescriptible, inoubliable, ineffaçable, tant il est destructeur. J'ai apprécié la dureté de vos propos, il y a deux ans, alors que vous accueilliez six victimes de prêtres : vous avez parlé de « messe noire », d'« actes méprisables » et de « culte sacrilège » de la part de prêtres qui sacrifient les enfants à « l'idole de leur concupiscence ». Merci. Je me demande ce soir comment aborder ici la Miséricorde… Cela brouille la manière dont nos contemporains perçoivent le célibat des prêtres : au lieu d'un don, ils y voient la possibilité d'une perversion. S'il ne veut pas se marier, c'est qu'il a des maîtresses, ou qu'il est homo, ou qu'il a des tendances pédophiles. Quand ce n'est pas les trois… Et régulièrement, dans les repas – dominicaux ou non –, le débat est ravivé : si les prêtres pouvaient se marier… Rien de tel pour gâcher ma digestion et me mettre en rage.

Mon visiteur n'est toujours pas là… À plus tard.

0:45

Ave,

Personne… J'ai profité de cette attente pour trouver un maximum de quasi-synonymes de Miséricorde : Compassion, Pardon, Amour, Commisération, Indulgence, Mansuétude, Solidarité, Apitoiement, Sollicitude, Tendresse, Charité, Empathie, Pitié, Clémence, Grâce. Je suis sûr qu'il y en a d'autres mais déjà, certains, trop péjoratifs, ne correspondent en rien à la Miséricorde divine. Je tombe de sommeil. Dois-je encore attendre ?

Qu'en pensez-vous ?

0:55

Bon, j'imagine que vous dormez. Je vais faire pareil.

François, si lors de votre visite en France que nous espérons toujours, vous venez chez moi pour me réconforter, de grâce, soyez ponctuel !

Passez une bonne nuit.

Pax tecum.

Dimanche 13 mars 2016 – 12:33

Objet : Eucharistie

Ave,

Surprise !

Enfin... Comment puis-je vous faire une surprise si vous ne lisez pas mes mails ? Il ne s'agit pas ici de « glorieuse incertitude du sport » ; juste l'angoissante incertitude du correspondant. Un peu comme si je jouais au tennis dans le noir, sans savoir si quelqu'un, de l'autre côté du terrain, me renverra la balle.

Soit ! Il est 12 heures 30 et je viens de célébrer la messe paroissiale. Rien de très surprenant, direz-vous. Si vous saviez combien j'aime ce moment où l'Église est comme « la maison paternelle où il y a de la place pour chacun avec sa vie difficile » ! Eh oui, je ne cite pas que Bernanos ; c'est bien de vous.

François, celui qui vous harcèle depuis plus de trente mails est un prêtre lambda, un diocésain multitâche, un couteau suisse de la foi. Je gère une paroisse territoriale où, je l'espère, chacun peut trouver sa place ou, tout au moins, se sentir accueilli. J'ai un ami franco-marocain qui philosophe à coups de métaphores contemporaines, et j'adore ça. Il me disait que l'amitié, c'est comme une mobylette : il faut du mélange pour que ça marche. Pareil pour une paroisse. Elle doit se recréer continuellement. N'est-elle l'Église tout entière, définie comme l'assemblée de croyants venus d'horizons très divers, un Peuple appelé par Dieu pour manifester et célébrer, au moins symboliquement, le rêve d'une humanité unie ?

J'aime beaucoup lorsque Jean-Paul II écrit dans son encyclique *Dives in Misericordia* : « Dans l'accomplissement eschatologique, la Miséricorde se révélera comme amour, tandis que dans le temps, dans l'histoire humaine qui est aussi une histoire de péché et de mort, l'amour doit se révéler surtout comme Miséricorde, et se réaliser sous cette forme. » La célébration eucharistique du dimanche veut être le lieu où se manifeste par anticipation ce que nous vivrons à la fin des temps. J'aime voir la procession de la Communion où chacun rejoint la « foule immense » du Livre de l'Apocalypse qui se nourrit du Christ. J'aime le moment du Baiser de Paix où chacun, éloignant les préjugés et écartant les jugements, se tourne vers son voisin pour donner chair au baiser du Psaume 84,11 où « la Justice et la Miséricorde s'embrassent ».

Si vous saviez combien je suis heureux de célébrer la messe ! Des regards, des gestes simples, des paroles attentives ; la beauté du silence, celle des chants – peu importe que la Callas se soit ou non déplacée –, la profondeur des prières intimes, le poids des offrandes intérieures, l'écoute de la Parole, le partage du Pain et du Vin ; ce moment où l'Église *est* le Corps du Christ, « Jésus répandu et communiqué » comme le disait Bossuet. J'aime le dimanche pour ce rassemblement *autour du Christ*, quand les chrétiens deviennent UN *en Lui*[50].

Toutes celles et tous ceux qui se proclament croyants non pratiquants ne sont pas conscients que le jour où il n'y aura plus la visibilité d'une Église rassemblée, il n'y aura plus d'annonce possible.

Il reste des seuils à franchir. D'abord, que l'authenticité de ce moment soit assez forte pour que ceux qui viennent le fassent non par habitude ou pour faire nombre, mais pour goûter la profondeur de la Présence divine. Pour que plus personne n'y participe dans l'espoir d'une récompense. Tout est gratuit dans la messe dominicale. Dieu ne prend pas les présences, il n'y a pas de carte de fidélité, de « miles » pour les « *Frequent Prayer* ». Vous l'avez dit : nous ne sommes pas des contrôleurs de la foi, mais des facilitateurs[51].

Que deviendront nos paroisses avec si peu de prêtres ? Comment faire valoir et comprendre que notre vie est non seulement passionnante mais aussi utile, au service entre autre de l'Eucharistie qui les rassemble et les nourrit ? Ah ! Si je pouvais faire des petits…

Des amis viennent de m'appeler pour m'inviter à partager le poulet dominical. Je vais devoir vous laisser. Mais avant, je dois encore vous remercier. Pour le changement de look... Merci d'avoir rangé dans les armoires du musée-sacristie les ornements liturgiques anté-conciliaires, avec leurs dentelles et leurs dorures. Je sais que votre prédécesseur aimait ça et qu'il les avait remis à l'honneur. Moi, je préfère votre aube et votre petite mitre simplissimes. Et je vous plains lorsqu'il vous faut présider les messes archi-solennelles... Mieux vaut oublier, dans ces pompes, la simplicité de Jésus qui, la veille de sa mort, rompit le pain...

Merci François ! Votre simplicité évangélique en liturgie nous réconforte !

Pax tecum.

Lundi 14 mars 2016 – 23:41

Objet : Tu es prêtre à jamais

Ave,

Je rentre d'une retraite de prêtres dans une Abbaye que j'aime beaucoup… Nous nous sommes retrouvés quatre fois avec les moines dans le chœur de l'abbatiale pour chanter les Psaumes. Je vous confesse que j'ai eu des distractions, pendant la prière, en regardant mes frères et confrères ! Que de variétés, d'espèces ! Beaucoup plus qu'il y a vingt ans, me semble-t-il. Le clergé dans lequel je suis entré a peu à peu disparu… Je suis un spécimen d'une espèce en voie d'extinction ! Mais je me trompe sûrement. Chaque génération croit pouvoir établir un tel constat… Je me suis quand même posé la question du curé de Bernanos : « *Suis-je là où le Seigneur me veut ?* »

Au début de mon sacerdoce, il y avait des différences, bien sûr ; d'humeur, de caractère, de manière de faire. Mais les temps changent. Nous étions originaires de la même région de France ; les visages dans le chœur démontrent que nous nous sommes convertis à la mondialisation. Nous étions tous habillés en civil, même l'évêque ; aujourd'hui les cous portent des cols romains. Plus inquiétant, les interprétations du Concile changent aussi, évoluent – peut-on dire qu'elles « involuent » ? J'ai l'impression douloureuse que l'Église se laisse séduire par des sirènes dangereuses qui remettent tout en question : la théologie, la liturgie, les gestes pastoraux et même la Bible, oubliant qu'elle est déjà mariée – à moi, entre autres !

J'ai été aussi distrait par la décoration baroque surchargée de l'abbatiale. Quand je pense aux crispations de certains sur la représentation – ou pas – de la divinité ! Moi, j'aime bien toutes ces illustrations. Parce qu'à partir du moment où l'on transgresse l'interdit du deuxième commandement, il faut multiplier les images pour éviter qu'une seule s'impose. Aucune n'est véridique, du coup, mais toutes nous disent quelque chose de la vérité. L'idolâtre se laisse posséder par l'image, alors qu'elle n'est rien d'autre qu'un support pour dévoiler un petit bout d'invisible. Alors, oui, vivent les petits anges baroques hilares et joufflus, vivent les longues statues gothiques, sévères et austères ! Vive Dieu le Père caricaturé en vieux papy barbu, vive l'Esprit déguisé en colombe, vive Jésus en beatnik blond aux yeux bleus ! Un vieillard, un pigeon, un hippie ne pourront jamais rivaliser avec la grandeur de Dieu ! Ceci dit, je reste artistiquement exigeant et vous n'allez pas m'excommunier si je confesse que le Christ de sœur Faustine me fait fuir !

Aujourd'hui, au milieu de notre communauté priante, j'ai été envahi par un immense sentiment de solitude. Je suis comme l'abbé d'Ambricourt qui disait de ses confrères : « *Leur sécurité m'épouvante.* » Mais nous sommes là, ensemble.

François, savez-vous qu'en français, la petite console fixée à la partie inférieure du siège pliant d'une stalle, s'appelle « miséricorde » ? Elle permet de faire semblant. On nous croit debout alors qu'on est assis sur elle, en hauteur. Je regardais alors mes confrères si différents. La Miséricorde, la vraie, nous permet de faire comme si… Non pas comme au théâtre mais dans un désir volontaire de passer outre les divisions et de chercher l'unité dans le Christ. Le temps d'une prière, c'est facile. Après, les dissemblances reprennent le dessus. Est-il possible de feindre quand le fossé est trop large ?

Mais là, François, dans ces stalles, avec ou sans Miséricorde, je me suis senti à ma place. Et ce soir, lorsque je pense à vous, un peu esseulé aussi, caché derrière les colonnades, réintégrant votre petite chambre hors du palais, j'éprouve du réconfort car je suis sûr que vous êtes vous aussi où le Seigneur vous veut.

Pax tecum.

Dimanche 20 mars 2016 – 23:12

Objet : Tout est grâce

Ave,

Je crois que ceci est le dernier mail que je vous adresse. La Semaine Sainte, les fêtes pascales et, cette année particulièrement, le dimanche de la Miséricorde vont exiger beaucoup de vous. Il est temps que j'arrête, même si vous écrire m'a fait du bien. Comme pour mon cher curé de campagne, ces mails « *m'ont délivré du rêve. Ce n'est pas rien* ». J'ignore toujours si mes messages sont arrivés à bon port ou s'ils sont devenus bouteilles à la mer, voguant sur les ondes floues et infinies de la toile océanique.

Dieu sait que j'ai attendu votre réponse, malgré tout ! J'ai même consulté tous les spams au cas où… mais rien, le néant originel. Qui étais-je, qui suis-je pour imaginer que vous allez perdre votre temps à me répondre ? Je ne sais pas. Un homme, un curé qui (y) croit encore. Peut-être un apprenti mythomane qui finira par s'imaginer que vous lui répondez personnellement à travers vos homélies, grâce à un langage codé compréhensible par nous seuls.

Je suis allé lire, ces jours-ci, celle prononcée l'an dernier lors de la Vigile pascale. Vous avez un style extrêmement direct. Pour la première fois, vous tutoyez votre auditoire. Je l'ai pris pour moi lorsque vous *me* demandez de ne pas avoir peur de la réalité, de ne pas *me* replier sur *moi-même*, de ne pas fuir devant ce que *je* ne comprends pas, de ne pas fermer les yeux devant les problèmes, de ne pas les nier, de ne pas éliminer les points d'interrogation, d'aller au-delà de *mes* propres sécurités confortables, de chercher un sens imprévisible, une réponse pas banale aux questions qui mettent en crise *ma* foi.

Pardon François, mais j'ai l'impression que vous – dois-je vous tutoyer ? – me parlez personnellement, pour me réconforter. Il faut donc que j'arrête de vous écrire afin de ne pas sombrer dans la folie.

Péché d'orgueil… Ce serait grave, n'est-ce pas ? Je ne veux pas connaître l'enfer d'un hôpital psychiatrique !

Je vais dorénavant me consacrer à l'écriture du livre sur Bernanos. La lecture de cette fiction m'a aidé à comprendre ma réalité, car la fiction est le seul rapport intelligent que nous pouvons avoir avec le réel. Les romans sont ces mensonges, ces fables qui nous disent des vérités et nous font comprendre mieux le monde et les humains qui y vivent. Peut-être poursuivre mon travail sur cette œuvre m'aidera-t-il « *à sourire de mes craintes* », selon l'expression de son personnage principal ?

Toutefois, n'hésitez pas : si les mails viennent à vous manquer, faites-moi signe, en direct ! Quelques mots, un petit clic…

François, vous n'en avez pas fini avec les obstacles. Une multitude de diables sont tapis dans l'ombre ou debout dans la lumière pour vous faire tomber, hésiter, reculer. Dans l'adversité, laissez retentir au plus profond de votre âme les derniers mots du curé de campagne, qui couronnent son dernier souffle : « *Qu'est-ce que cela fait ? Tout est grâce.* »

Là seulement se trouve le réconfort.

Notes

1. Timothée 1, 13 : « Mais il m'a fait miséricorde, car j'avais agi par ignorance, n'ayant pas encore la foi. »
2. Benoît XVI, *Spe Salvi (Sauvés dans l'Espérance),* n° 38.
3. « Pire videur du monde ».
4. « Ô Mort, où est ta victoire ? », connu en anglais grâce au *Messie* de Haendel.
5. « Des morts : rien, sinon le bien. »
6. Première audience générale du pape François, mercredi 27 mars 2013.
7. Matthieu, 4, 19 : « Venez à ma suite, et je vous ferai pêcheurs d'hommes. »
8. Edith Stein, « Le problème de l'empathie dans le développement historique et d'un point de vue idéologique », thèse de doctorat, 1916.
9. Catéchisme de l'Église catholique, n°94, *Homélie sur Ézéchiel,* 1, 7, 8.
10. Henri de Lubac, *Exégèse médiévale : les quatre sens de l'Écriture,* Paris, Autier, 1959. Il distingue les sens littéral, allégorique, moral et anagogique des textes bibliques.
11. Jean-Paul II, *Familiaris consortio,* n° 84.
12. Benoît XVI, *Sacrement de l'amour,* exhortation apostolique, 2007.
13. « J'ai compris ! Vous ne répondez pas parce que vous ne parlez pas français ! » À partir d'ici, tous les mails sont rédigés en italien, mais traduits en français pour la facilité des lecteurs francophones qui ont acheté ce livre…
14. Pour défendre la vision de ce théologien sur la famille, le pape dit que cela s'appelle « faire de la théologie à genoux ».
15. « Par miséricorde et par élection », devise du pape François inscrite sur son blason.
16. « François, exauce ma prière ».
17. Travail de la prière, travail de la Croix.
18. Thérèse de Lisieux, *Histoire d'une âme,* Manuscrit C, juin-juillet 1897.
19. Luc 2, 28-32 : « Maintenant, ô Maître souverain, tu peux laisser ton serviteur s'en aller en paix, selon ta parole. Car mes yeux ont vu le salut que tu préparais à la face des peuples : lumière qui se révèle aux nations et donne gloire à ton peuple Israël. »
20. Luc 17, 6 : « Si vous aviez de la foi, gros comme une graine de moutarde, vous auriez dit à l'arbre que voici : "Déracine-toi et va te planter dans la mer", et il vous aurait obéi. »
21. Hébreux 13, 12-13 : « C'est pourquoi Jésus, lui aussi, voulant sanctifier le peuple par son propre sang, a souffert sa Passion à l'extérieur des portes de la ville. Eh bien, pour aller à sa rencontre, sortons en dehors de l'enceinte, en supportant l'injure qu'il a subie. »
22. « Ainsi passe la gloire du monde. »
23. « La suite du Christ. »
24. Terminologie d'Emmanuel Falque, *Le Combat amoureux,* éd. Hermann, 2014
25. Bulle d'indiction du Jubilé extraordinaire de la Miséricorde, présentée le 11 avril 2015 devant la Porte sainte de la basilique Saint-Pierre.
26. Pacte des Catacombes : trois semaines avant la clôture du concile, une quarantaine de pères signent un texte en 13 points qui les engage à vivre dans la simplicité et la pauvreté. Plus de la moitié sont latino-américains.
27. Lachaïm, « L'Chaim », expression hébraïque : « à la vie », comme nous disons « à la vôtre » lors d'un toast.
28. Isaïe 49,15 : « La femme oublie-t-elle l'enfant qu'elle allaite, oublie-t-elle de montrer de la tendresse à l'enfant de sa chair ? Même si celles-là t'oubliaient, moi Je n'oublierai pas ! »
29. *Dives in Misericordia,* note 52.
30. *Sacrosanctum Concilium* 48 : « Aussi l'Église se soucie-t-elle d'obtenir que les fidèles n'assistent pas à ce mystère de la foi comme des spectateurs étrangers et muets… qu'offrant la victime sans tache, non seulement par les mains du prêtre, mais aussi en union avec lui, ils

apprennent à s'offrir eux-mêmes et, de jour en jour, soient consommés, par la médiation du Christ, dans l'unité avec Dieu et entre eux pour que, finalement, Dieu soit tout en tous. »

31. André Neher, « La miséricorde dans la théologie juive », *L'Évangile de la Miséricorde, Hommage à Albert Schweitzer*, éd. du Cerf, 1965.
32. Jean-Philippe Toussaint, *L'Urgence et la Patience*, éd. de Minuit, 2012.
33. « Que me reproche-t-on ? – D'être ce que vous êtes, il n'y a pas de remède à cela. Que voulez-vous, mon enfant, ces gens ne haïssent pas votre simplicité, ils s'en défendent, elle est comme une espèce de feu qui les brûle. »
34. « La loi de la prière est la loi de la foi. »
35. Voir le poème « Le Grain de Sénevé » de Maître Eckhart.
36. Théologie du IIIe siècle, selon laquelle, à la fin des temps, l'Univers sera restauré dans son harmonie originelle.
37. André Neher, *op. cit.*
38. René Guénon, *Le Symbolisme de la Croix*, 1931.
39. Memento des morts de la 3e Prière eucharistique.
40. *Les Sept Dernière Paroles du Christ en Croix*, livre-disque, Ysaye Records, 2006.
41. « La vocation et la mission de la famille dans l'Église et dans le monde contemporain. »
42. Cardinal Walter Kasper, *La Miséricorde. Notion fondamentale de l'Évangile. Clé de la vie quotidienne*, éd. Les Béatitudes, coll. Theologia, 2015.
43. Romano Guardini, *Le Seigneur. Méditations sur la personne et sur la vie de Jésus-Christ*, Salvador, 2009.
44. « Seule, si seule, la bergère, va chantant. »
45. *Gaudium et Spes* 2.
46. *Evangelii gaudium* 49. « Je préfère une Église accidentée, blessée et sale pour être sortie par les chemins, plutôt qu'une Église malade de la fermeture et du confort de s'accrocher à ses propres sécurités. Je ne veux pas une Église préoccupée d'être le centre et qui finit renfermée dans un enchevêtrement de fixations et de procédures. »
47. Blaise Pascal, *Pensées*, Fragments « Excellence », n°5/5.
48. Hans Küng, *Jésus*, Seuil, 2014.
49. Matthieu 23, 8-10 : « Pour vous, ne vous faites pas donner le titre de Rabbi, car vous n'avez qu'un seul maître pour vous enseigner, et vous êtes tous frères. Ne donnez à personne sur terre le nom de père, car vous n'avez qu'un seul Père, celui qui est aux cieux. Ne vous faites pas non plus donner le titre de maîtres, car vous n'avez qu'un seul maître, le Christ.
50. Catéchisme de l'Église Catholique, 789.
51. Exhortation apostolique du pape François : *La Joie de l'Évangile*, chap. 1, 47.

Parfois on [illegible] 50

[illegible] la foi ? 61

Au plus profond de [illegible]

[illegible] 86

Liturgie 85